最优再保险
——风险管理需求下的优化决策

张 楠 著

科学出版社
北 京

内 容 简 介

本书从不同的角度研究保险公司风险管理需求下的再保险优化问题. 对于比例再保险、超额损失再保险, 以及止停再保险, 分别探讨不同目标下的最优自留风险份额. 保险公司的风险管理需求由优化问题的目标函数或者限制条件刻画. 在不同的实务背景和数学建模下, 分别推导最优再保险策略的解析表达式.

本书可供保险精算、应用数学、数理金融等方向的研究生和科研人员阅读, 也可作为精算研究人员了解最优再保险理论的参考书.

图书在版编目(CIP)数据

最优再保险: 风险管理需求下的优化决策/张楠著. —北京: 科学出版社, 2020.6
ISBN 978-7-03-064849-5

Ⅰ. ①最⋯ Ⅱ. ①张⋯ Ⅲ. ①再保险–研究–中国 Ⅳ. ①F842.69

中国版本图书馆 CIP 数据核字(2020) 第 062199 号

责任编辑: 李 欣 贾晓瑞/责任校对: 彭珍珍
责任印制: 吴兆东/封面设计: 陈 敬

科学出版社 出版
北京东黄城根北街 16 号
邮政编码: 100717
http://www.sciencep.com

北京九州迅驰传媒文化有限公司 印刷
科学出版社发行 各地新华书店经销
*

2020 年 6 月第 一 版 开本: 720 × 1000 1/16
2022 年 3 月第二次印刷 印张: 10 1/2
字数: 207 000
定价: 78.00 元
(如有印装质量问题, 我社负责调换)

前　言

近年来, 最优再保险方面已有不少研究, 但主要集中在无限制条件下单个保险公司的最优再保险策略分析. 2016 年, 中国第二代偿付能力监管制度体系开始实施, 自此风险管理成为保险公司的重要业务. 本书从不同的角度研究保险公司风险管理需求下的再保险优化问题, 保险公司的风险管理需求由优化问题的目标函数或者限制条件刻画, 所研究的限制条件拟合了中国第二代偿付能力 (偿二代) 监管制度体系对于保险公司的风险控制以及所持准备金的要求. 同时, 对于比例再保险、超额损失再保险以及止停再保险, 本书分别探讨不同目标下的最优自留风险份额; 在不同的实务背景和数学建模下, 分别推导最优再保险策略和对应值函数的解析表达式. 对比现有的基于保险公司无约束的最优决策, 本书研究的内容更符合实务. 本书所考虑的互惠再保险探讨了在保险公司和再保险公司的双赢目标下的最优策略, 可为偿二代新型监管体系下保险公司的风险管理方法和再保险合约选择提供理论依据.

从保险公司的角度出发, 我们在两种目标函数下考虑最优再保险问题: 一个是 Markowitz 均值—方差优化; 另一个是最大化保险公司的生存概率. 对于 Markowitz 均值—方差准则下的最优投资—再保险问题, 我们考虑严格比例再保险策略, 并限制风险资产的卖空. 在最大化保险公司的生存概率模型中, 引入了动态风险价值约束来体现偿二代对保险公司风险管理过程中所需持有准备金的要求.

当同时考虑保险公司和再保险公司的利益时, 我们在双方的期望效用提升约束条件下研究互惠再保险问题. 在五个不同的目标函数下分别考虑了使得保险公司和再保险公司期望效用提升的最优比例再保险和最优止停再保险. 目标函数亦同时体现保险公司和再保险公司双方的权益. 因此, 约束条件和优化准则均体现了所研究的再保险合约的双赢性.

第 2 章和第 3 章通过随机控制理论来确定最优再保险策略. 通过经典的动态规划理论, 得到值函数满足的 HJB 方程, 进而通过求解该方程确定值函数和最优再保险策略. 第 4 章和第 5 章研究静态再保险优化问题. 这两章使用的方法相对简单, 但需要一些计算技巧.

本书在相关的学术研究过程中, 得到了南开大学的郭军义教授、墨尔本大学的 Jin Zhuo 和 Li Shuanming 教授的鼓励与支持, 如果没有三位导师多年来的帮助, 本书不可能完成. 本书的出版得到了华东师范大学经济与管理学部统计学院的资助. 谨此表示衷心的感谢!

限于作者学识水平, 疏漏在所难免, 欢迎广大读者批评指正!

张 楠

2019 年 7 月于上海

目 录

第 1 章 绪论 ··· 1
第 2 章 均值—方差准则下的最优投资—再保险策略 ·················· 9
  2.1 数学模型 ··· 10
  2.2 辅助问题的值函数 ·· 13
  2.3 有效策略与有效边界 ······································· 22
    2.3.1 当 $d \geqslant X_0 e^{rT} + \frac{\lambda m_1 \eta}{r}(e^{rT}-1) + \frac{m_2}{m_1 \theta} e^{rT}$ 时 ·········· 24
    2.3.2 当 $d < X_0 e^{rT} + \frac{\lambda m_1 \eta}{r}(e^{rT}-1) + \frac{m_2}{m_1 \theta} e^{rT}$ 时 ·········· 27
  2.4 数值实例以及与无限制再保险模型的对比 ············· 32
    2.4.1 数值计算 ··· 32
    2.4.2 无限制比例再保险模型下的结果 ·················· 36
    2.4.3 再保险限制条件的影响 ····························· 38
  2.5 小结 ··· 39
第 3 章 动态风险价值限制下的最优再保险 ···························· 41
  3.1 数学模型 ··· 41
  3.2 动态风险价值下的比例再保险 ···························· 43
    3.2.1 动态风险价值/条件风险价值/最差情况条件风险价值 ······ 44
    3.2.2 HJB 方程 ·· 48
  3.3 动态风险价值下的超额损失再保险 ······················ 55
    3.3.1 动态风险度量 ··· 56
    3.3.2 HJB 方程 ·· 58
  3.4 数值实例 ··· 64
  3.5 小结 ··· 71
第 4 章 保险人和再保险人双赢下的最优比例再保险 ················· 73
  4.1 数学模型 ··· 74

- 4.2 比例再保险自留索赔风险比例的范围 · 76
- 4.3 最优比例再保险合约 · 79
  - 4.3.1 联合生存概率 · 79
  - 4.3.2 方差 · 87
  - 4.3.3 风险价值 · 90
  - 4.3.4 尾部风险价值 · 93
  - 4.3.5 一般 Dutch I 型风险度量 · 95
- 4.4 数值实例 · 100
- 4.5 小结 · 105

第 5 章 基于保险人和再保险人效用提升的最优互惠止停再保险 · 106

- 5.1 数学模型 · 106
- 5.2 止停再保险自留风险的范围 · 108
- 5.3 不同目标下的最优止停再保险策略 · 114
  - 5.3.1 方差 · 114
  - 5.3.2 风险价值 · 117
  - 5.3.3 尾部风险价值 · 123
  - 5.3.4 一般 Dutch I 型风险度量 · 127
  - 5.3.5 联合生存概率 · 136
- 5.4 数值实例 · 138
- 5.5 小结 · 146

参考文献 · 147

索引 · 158

第1章 绪 论

再保险是两个保险公司在原保险合同的基础上,针对风险和责任的转移行为相互签订的分保合同.再保险合同的一方称为再保险公司或者再保险人,另一方称为保险公司、直接保险人或者分保人.如果再保险人采取转分保行为,即将其分入的承担的风险转向次再保险人,再保险合同双方分别称为转再保险接受人和转再保险分出人.再保险人对直接保险人保险赔付的补偿构成了一个再保险合同.通过支付一部分保费收入,保险人可从获得再保险人提供的不同的方面保护.

作为风险管理的一个有效工具,再保险的首要功能是稳定保险人所面临的索赔风险,进而使得保险公司不受偿付能力限制,至少保证公司不会陷于金融困境.另外,再保险合同在分散保险公司损失风险的同时,增大了保险公司的风险承担能力,进而使得保险公司可以扩大其保单销售量.此外,再保险公司还可为保险公司提供保单销售、索赔受理、管理、技术等金融操作方面的服务.

一般地,我们将再保险合同分为两种类型:比例再保险和非比例再保险.比例再保险由共同保险发展而来.但与共同保险下保险公司均作为直接保险人不同的是,在比例再保险合同下,保险公司自身作为直接保险公司,需将全部索赔直接支付给承保人,然后向再保险公司索赔再保险合同约定比例的损失.在一个比例再保险合同下,再保险公司的损失分布与直接保险公司完全类似,区别仅在于再保险合同中的固定比例.然而,在近年来开始流行的非比例再保险合同下,再保险人仅在保险人的损失超过指定额度后才会对其进行赔付.

两类最常用的非比例再保险合同为超额损失再保险和止停再保险, 它们分别对应着保险公司的单次索赔损失和总索赔损失. 超额损失再保险为保险公司的单次索赔损失确定了一个上界. 通过支付预先约定的再保险保费, 再保险公司将偿还保险公司每次超过该上界的索赔额度. 保险公司也可以通过购买超额损失再保险合同以应对巨灾风险. 对于止停再保险合同, 它为保险公司在合同期限内的总索赔额给定了一个上界, 我们称该上界为保险公司的风险自留额, 超过该额度的所有损失均由再保险公司承担. 也就是说, 总索赔额不超过风险自留额时, 保险公司承担所有损失; 对于超出风险自留额的全部索赔, 损失则由再保险公司承担. 止停再保险一般以分层的形式出现.

最优再保险可以看作保险公司和再保险公司之间的风险分担问题, 该问题涉及确定最优再保险合同的形式、再保险公司承担的索赔损失以及相应的再保险保费等方面. 或者说, 在一个双方都能接受的情形下, 确定使得保险公司或者两个公司共同的权益达到最大的保险公司的风险自留份额. 最优再保险问题的研究可以追溯到 20 世纪 60 年代, 半个多世纪以来, 此类问题一直是研究的热点. 比如, 比例再保险优化相关的研究包括文献 (Choulli et al., 2003; Højgaard and Taksar, 1998a, 1998b, 2004; Schmidli, 2001, 2002a; Taksar, 2000) 等. 最优超额损失再保险的可参见文献 (Asmussen et al., 2000; Choulli et al., 2001; Irgens and Paulsen, 2004; Zhang et al., 2007; Meng and Zhang, 2010) 等. 最优止停再保险方面的研究有文献 (Beard et al., 1977; Gerber, 1979; Cai and Tan, 2007; Cai et al., 2008; Chi and Tan, 2011; Chi and Meng, 2014; Rytgaard, 2014; Zhu et al., 2014; Hu et al., 2015) 等. 在现有文献中, 常用的优化准则有: 最小化保险公司的破产概率或者最大化保险公司生存概率、最小化保险公司风险暴露的方差、最大化保险人盈余的期望效用、最小化以风险价值或者条件风险价值等风险度量确定的保险公司所需持有的准备金等.

在实务中, 保险公司经常选择将其部分盈余投放在金融市场以期获得更多收益. 因此, 保险公司的最优投资—再保险问题的研究吸引了保险从业人员和科研人事的关注. Markowitz (1952) 首先在投资组合选择问题中提出了均值—方差准则, 这里, 投资的期望收益和方差的研究均是在一个单期模型中进行的. 数十年后, Zhou 和 Li (2000) 通过线性二次型随机控制理论建立了连续时间下的均值—方差优化模型. 自从 Wang 等 (2007) 指出均值—方差问题在保险业中也具有很多应用, 近年来出现了很多采用均值—方差准则研究保险模型中的随机优化问题的工作. 例如, Bai 和 Zhang (2008) 在均值—方差准则下, 分别在经典模型和扩散近似模型下研究了保险公司的最优比例再保险和投资策略.

第 2 章通过 Markowitz 均值—方差优化准则考虑了保险公司的严格比例再保险和投资组合问题. 考虑到风险资产在卖空时常受到监管约束, 我们在建模中同时引入了无卖空约束, 于是, 投资组合策略的取值限制为非负. 然而, 此时值函数对应的 Hamilton-Jacobi-Bellman (HJB) 方程不再有光滑解. Li 等 (2002) 借助两个 Riccati 方程构造一个连续函数, 然后证明该函数是 HJB 方程的黏性解, 进而克服了 HJB 方程不存在光滑解的困难.

当保险公司在一个比例再保险合约下的自留风险比例控制在 $[0,1]$ 区间内时, 值函数不再是关于盈余的二次函数, 此时的均值—方差问题的求解将比较困难. 我们在第 2 章构造出了 HJB 方程的非二次型黏性解. 首先通过传统的方法假设 HJB 方程的解关于盈余是一个二次函数, 并在值函数关于盈余满足二次关系的区域内得到解的显示表达式. 对于剩余的区域, 即解不是关于盈余的二次函数时, 我们将该区域看作表达式与其边界具有相同形式的一族曲线. 进而在每条曲线上确定解的显示表达式.

在构造出 HJB 方程的黏性解之后, 第 2 章令均值—方差问题的辅助问题中的拉格朗日算子取遍整个实数集并确定全局最大值, 进而得到保险公司的有效策略和有效边界. 当保险公司的期望盈余高于一个指定值时, 我们得到了有效策略和有效边界的显式表达式. 而当期望盈余低于这个值时, 我们通过数值方法确定全局最大值. 通过对比第 2 章得到的有效边界和无约束比例再保险下的有效边界, 我们研究的严格比例再保险约束给保险公司的有效边界带来了明显的影响, 同时也使得最优比例再保险策略更符合实际.

随着金融市场的快速发展, 风险价值 (Value-at-Risk, VaR)、条件风险价值 (Conditional Value-at-Risk, CVaR) 等风险度量在近年来深受监管者和金融从业人员关注. 风险价值是在给定的时间范围和给定的置信度下的最大期望损失. 它是金融机构和监管部门在设定偿付能力准备金要求时最常使用的一个风险度量. 但由于不具备一些人们所期望的性质, 风险价值又遭到了很多的质疑和批判. 例如, Artzner 等 (1999) 指出风险价值不满足次可加性, 因此风险价值不是一个一致风险度量.

于是, 人们开始提倡使用兼具凸性和一致性的条件风险价值这一风险度量来代替风险价值. 条件风险价值是指在损失超过给定分位数条件下的平均值, 它结合了风险价值, 并更多地考虑了损失分布的尾部信息. 由于经常遇到损失分布的信息不完备的情形, 近年来出现了一些最差情况下的风险度量方面的研究,最常用的风险度量有最差情况风险价值(worst-case Value-at-Risk, wcVaR)和最差情况条件风险价值(worst-case Conditional Value-at-Risk, wcCVaR). 相关文献包括 (Ghaoui et al., 2003; Čerbáková, 2005; Natarajan et al., 2009; Zhu and Fukushima, 2009) 等. 特别地, Čerbáková (2005) 指出 wcVaR 和 wcCVaR 在损失分布的一阶矩和二阶矩已知时是相等的; Natarajan 等 (2009) 证明了 wcVaR 是一个一致风险度量.

后来, 有学者将静态风险度量拓展到了动态情形. Yiu (2004) 在研究投资组合的选取问题时提出了动态风险价值这一概念. Alexander 和 Baptista (2004) 在均值—方差模型中引入了动态风险价值约束, 进而分析约束模型下的投资组合选择问题, 并将所得结果与动态条件风险价值约束模型下的结果进行对比. Cuoco 等 (2008) 在动态投资组合选择模型中通过动态风险价值和动态条件风险价值设定约束条件. Chen 等 (2010) 在动态风险价值限制下研究了保险公司的投资—再保险优化问题.

然而, 有关动态风险度量的现有文献多数是针对投资组合选择问题的研究, 并且, 动态 VaR/CVaR 约束的上界一般取为常数. 引入动态风险度量的常数上界的一个明显缺点是这将对业务增长型保险公司带来不必要的束缚, 而当保险公司的业务萎缩时, 约束条件又不能奏效. 为避免这一缺陷, 第 3 章设计了一个相对来讲更符合实际的约束条件, 即公司在任意时刻所持有的准备金不低于实时风险度量的一个固定常数倍. 在这样的约束条件下, 随机控制问题的求解将比动态风险度量具有常数上限的模型更为复杂.

第 3 章基于保险公司索赔的风险暴露定义了三种动态风险度量, 即动态风险价值、动态条件风险价值和动态最差情况条件风险价值. 进而通过这些风险度量来设定关于保险公司所应持有的准备金数量的约束条件. 在动态风险度量的比例约束条件下, 我们以最小化保险公司破产概率, 或者说最大化生存概率为目标函数, 分别研究保险公司的最优比例再保险和最优超额损失再保险.

在动态情形下, 风险价值、条件风险价值和最差情况条件风险价值三种风险度量可以相互转换. 也就是说, 我们可以把动态条件风险价值或者动态最差情况条件风险价值限制条件转换成一个等价的不同置信度下的动态风险价值约束. 通过传统的动态规划理论, 我们得到值函数满足的 HJB 方程. 而后, 在每种情形下, 构造与值函数相同的 HJB 方程的光滑解, 同时得到与最大值点相对应的最优再保险策略. 第 3 章的结果表明, 在保险公司的初始盈余较小时, 动态风险价值将对最优再保险策略和最大生存概率产生较大影响; 但在初始盈余足够大之后, 影响将不再那么明显. 特别地, 当没有限制条件时, 保险公司的最大生存概率始终是一个凸函数, 然而, 在动态风险价值、动态条件风险价值, 或者动态最差情况条件风险价值限制条件下, 凸性仅在初始盈余足够大时成立; 而当初始盈余很小时, 保险公司最大化的生存概率则是一个凹函数.

有关再保险优化问题的研究多数是从保险公司的角度进行考虑的, 即只考虑直接保险人的利益. 相关研究可参见文献 (Arrow, 1963; Beard et al., 1977; Gerber, 1979; Schmidli, 2002a; Cai and Tan, 2007; Chi and Tan, 2011; Tan et al., 2011; Bai et al., 2013; Cui et al., 2013; Zhu et al., 2014; Hu et al., 2015; Li et al., 2015; Yuen et al., 2015) 等. 然而, Borch (1969) 指出, 保险公司的最优再保险决策对再保险公司来说未必最优, 有时甚至是再保险公司不能接受的. 事实上, 保险公司和再保险公司的利益时常存在冲突, 而再保险合同只有在能够为两公司带来双赢时才能签订. 因此, 研究保险人和再保险人的最优互惠再保险策略更具实际意义. Borch (1960) 在最大化保险公司和再保险公司期望效用乘积的目标下最早考虑了比例和止停两类互惠再保险优化问题.

近年来逐渐出现了一些基于保险公司和再保险公司双方权益的再保险优化问题的研究, 例如文献 (Cai et al., 2013; Fang and Qu, 2014; Balbás et al., 2015; Bazaz and Najafabadi, 2015; Cai et al., 2016; D'Ortona and Marcarelli, 2017) 等. 第 4 章和第 5 章在存在利益冲突的保险公司和再保险公司均能接受的前提下研究了能够平衡双方权益的最优再保险策略. 双方能够接受的再保险合约需要满足在该合约下, 保险公司和再保险公司的期望效用均不低于不进入再保险市场的情形. 这类似于 D'Ortona 和 Marcarelli (2017) 采用的比较期望效用的想法. 在支付索赔后, 保险公司和再保险公司的盈余均有出现负盈余的可能, 因此, 我们借鉴 Liang 和 Guo (2011) 使用的指数效用函数. 对于优化模型中的目标函数, 我们也是同时考虑保险公司和再保险公司双方的权益.

第 4 章基于保险人和再保险人的双赢研究了最优比例再保险策略; 第 5 章在保险公司和再保险公司的期望效用改善条件下研究最优互惠止停再保险问题. 这两章均探究了两类目标函数下保险公司的最优风险自留份额. 一类是目标函数针对两公司面临的风险, 另一类则是出于双方的准备金需求与管理的角度考虑.

本书研究的反映保险公司和再保险公司面临的风险的优化准则包括最大化两公司的联合生存概率和最小化两公司风险暴露的总方差. 关于准备金的计算, 我们首先采用风险价值和尾部风险价值两个常用的风险度量. 基于保险公司和再保险公司各自的净损失分布, 我们推导两公司各自的风险价值和尾部风险价值, 然后以最小化二者的同一类风险度量之和为目标函数寻找最优再保险策略. 随着第二代偿付能力监管体制于 2016 年 1 月 1 日在保险业监管中的正式实施, 大型保险公司可选择更加复杂但更符合自身业务状况的风险管理工具来衡量和监控自身风险. 因此, 本书还设计了一个基于保险公司和再保险公司各自的一般 Dutch I 型风险度量之和最小的优化准则, 这为保险公司设计能够更好反映自身业务状况的内部模型以及设定风险导向的准备金提供了一个可选方案.

对于比例再保险和止停再保险, 第 4 章和第 5 章分别在五种优化准则下推导出了最优再保险策略和对应目标函数值的显示表达式. 结果表明最优比例再保险和最优止停再保险策略均随再保险公司的安全负荷系数变化. 在最小化双方的总风险价值/尾部风险价值目标下, 我们通过几个数值实例来说明满足期望效用不减约束的最优互惠再保险策略对保险公司和再保险公司期望效用的影响. 对比无约束模型的最优再保险策略, 结果表明, 在最坏情况下, 本书研究的效用约束条件下的最优互惠再保险策略对应的双方总期望效用增量优于无约束的情形.

第 2 章 均值—方差准则下的最优投资—再保险策略

本章假设保险公司可以通过购买比例再保险进行风险管理,并且可将其盈余投放在金融市场进行盈利. 进而假设保险公司的盈余过程为含控制的复合泊松过程的扩散近似,并在均值—方差准则下考虑保险公司的最优投资—再保险问题. 由于卖空风险资产的风险较高, 监管机构一般不允许卖空行为, 因此, 我们引入无卖空约束. 对于比例再保险策略, 假设保险公司只能选择严格比例再保险, 即自留风险比例 q 在任意时刻都满足 $q \in [0,1]$.

在无卖空风险资产和严格比例再保险两个约束条件下, 值函数满足的 HJB 方程不再有光滑解, 因此需要借助黏性解. 当比例再保险下的自留风险比例限制在 $[0,1]$ 时, 均值—方差优化模型的求解将比现有问题复杂很多, 这是由于 HJB 方程的解不再是一个关于盈余的二次多项式函数. 我们将通过构造的方法确定 HJB 方程的黏性解, 进而推导有效策略和有效边界.

本章的内容安排如下: 2.1 节给出了风险资产无卖空和严格比例再保险约束下的均值—方差优化问题的数学建模. 2.2 节研究该随机优化问题的辅助问题, 我们将构造 HJB 方程的黏性解和对应的最优反馈控制. 2.3 节推导原优化问题的有效策略和有效边界. 2.4 节通过两个数值实例展示所得结果, 并与无约束的比例再保险模型进行对比. 最后, 2.5

节给出本章的一些总结性注解.

2.1 数学模型

首先给出保险公司投资—再保险问题的数学建模. 令 $(\Omega, \mathcal{F}, \mathbb{P})$ 表示滤波 $\{\mathcal{F}_t\}$ 上的一个概率空间. 考虑经典 Cramér-Lundberg 模型

$$X_t = x_0 + ct - \sum_{i=1}^{N(t)} Y_i, \quad (2.1)$$

其中, x_0 为保险公司的初始盈余, 索赔到达过程 $N(t)$ 是一个参数为正常数 λ 的泊松过程, 第 i 次索赔额 $\{Y_i\}_{i=1}^{\infty}$ 为一列独立同分布的随机变量, 并且索赔额与索赔次数 $N(t)$ 独立. 令 $\{T_i\}_{i=1}^{\infty}$ 表示第 i 次索赔发生的时间, $G(x)$ 表示索赔额的分布, 且索赔额分布的一阶矩 m_1 和二阶矩 m_2 有限. 假设保费率 c 通过期望值保费原理计算, 即

$$c = (1+\eta)\lambda m_1,$$

其中, $\eta > 0$ 为保险公司的相对安全负荷系数.

假设保险人可以选择公司的风险管理和投资策略. 风险管理以比例再保险的形式进行, 即保险公司通过支付 $(1+\theta)(1-q(t))\lambda m_1$ 的再保险保费购买比例再保险合约 $q(t)$, 可以收到再保险公司支付的其未来索赔 $1-q(t)$ 倍的赔付. 其中, $q(t)$ 为 $\mathcal{F}_t$-可测过程, 且对于所有的 t, 有 $0 \leqslant q(t) \leqslant 1$; θ $(\theta \geqslant \eta)$ 为再保险公司的安全负荷系数. 同时, 保险公司可将其现有盈余投放在金融市场以期获得更多盈利. 假设金融市场由一种无风险资产 (比如债券) 和一种风险资产 (比如股票) 构成. 特别地, 无风险资产的价格过程满足常微分方程 (ODE)

$$dS_0(t) = rS_0(t)dt, \quad r > 0,$$

2.1 数学模型

风险资产的价格过程满足几何布朗运动

$$dS(t) = S(t)\{\mu dt + \sigma dW_1(t)\}, \quad \mu > r,\ \sigma > 0,$$

其中, $W_1(t)$ 是一个标准布朗运动.

一个策略 α 由随机过程 $(\pi(t), q(t))$ 表示, 其中, $\pi(t)$ 表示 t 时刻投放在风险资产中的财富总额, $q(t)$ 表示 t 时刻保险公司的自留风险比例. 假设保险公司可以以利率 r 在金融市场上进行借款, 但不允许保险公司卖空风险资产, 即 $\pi(t) \geqslant 0$. 如果策略 $\alpha = (\pi(t), q(t))$ 满足

- $(\pi(t), q(t))$ 是 $\mathcal{F}_t$-渐近可测过程;
- $0 \leqslant q(t) \leqslant 1$, $\pi(t) \geqslant 0$ 且 $\mathbb{E}\left[\int_0^t \pi^2(s)ds\right] < \infty$.

称 α 为可行策略. 称所有可行策略的集合为可行集, 记作 α_S.

令 X_t^α 表示保险公司在策略 α 下的盈余过程. 于是, X_t^α 满足的动态过程如下:

$$\begin{aligned}dX_t^\alpha =& \big[q(t)(1+\theta) - (\theta - \eta)\big]\lambda m_1 dt - d\sum_{i=1}^{N(t)} q(T_i)Y_i \\ &+ \pi(t)\big[\mu dt + \sigma dW_1(t)\big] + r\big[X_t^\alpha - \pi(t)\big]dt.\end{aligned} \quad (2.2)$$

对于这个跳扩散过程 (2.2), 可以用一个与其具有相同期望和方差的扩散过程近似, 其扩散近似如下:

$$\begin{aligned}dX_t^\alpha =& \big\{rX_t^\alpha + (\mu - r)\pi(t) + [q(t)\theta - (\theta - \eta)]\lambda m_1\big\}dt \\ &+ \sigma\pi(t)dW_1(t) + q(t)\sqrt{\lambda m_2}dW(t).\end{aligned} \quad (2.3)$$

本章采用均值—方差准则. 于是, 我们的目标为: 寻找一个使得未来 T 时刻的期望盈余满足 $\mathbb{E}[X_T^\alpha] = d$, 同时使得 T 时刻盈余的方差

$\mathrm{Var}X_T^\alpha = \mathbb{E}[X_T^\alpha - \mathbb{E}X_T^\alpha]^2 = \mathbb{E}[X_T^\alpha - d]^2$ 达到最小 (即风险最小) 的可行策略.

注解 2.1.1 令 $d_0 \triangleq X_0 e^{rT} + \dfrac{\lambda m_1(\theta - \eta)}{r}(1 - e^{rT})$. 如果保险公司把所有盈余都投放在无风险资产中, 并且通过购买再保险合约将全部索赔风险转移给再保险公司, 则保险公司在未来的 T 时刻的盈余为 d_0. 因此, 假设 $d \geqslant d_0$.

注解 2.1.2 终端时刻 T 之前保险公司可能会发生破产, 但我们在均值—方差模型中不考虑破产问题.

以上讨论的问题可以通过下面的含参数 d 的优化问题进行建模:

$$\begin{aligned}\min \quad & \mathrm{Var}X_T^\alpha = \mathbb{E}[X_T^\alpha - d]^2,\\ \mathrm{s.t.} \quad & \begin{cases} \mathbb{E}X_T^\alpha = d,\\ (\pi(t), q(t)) \in \alpha_S,\\ (X_t^\alpha, \pi(t), q(t)) \text{ 满足 } (2.3).\end{cases}\end{aligned} \quad (2.4)$$

称优化问题 (2.4) 的最优策略为一个有效策略, 称 $(\mathrm{Var}X_T^\alpha, d)$ 为有效点, 其中, $\mathrm{Var}X_T^\alpha$ 表示均值为 d 时优化问题 (2.4) 的最小方差. 参数 d 取遍 $[d_0, +\infty)$ 时, 所有有效点组成的集合称为有效边界.

由于 (2.4) 是一个凸优化问题, 其中的等式限制条件 $\mathbb{E}X_T^\alpha = d$ 可以通过引入拉格朗日乘子 $\beta \in \mathbb{R}$ 进行处理. 于是, (2.4) 可通过求解其对偶问题来解决. 对于每个固定的 β, 对偶问题为

$$\begin{aligned}\min \quad & \mathbb{E}\{[X_T^\alpha - d]^2 + 2\beta[\mathbb{E}X_T^\alpha - d]\},\\ \mathrm{s.t.} \quad & \begin{cases} (\pi(t), q(t)) \in \alpha_S,\\ (X_t^\alpha, \pi(t), q(t)) \text{ 满足 } (2.3).\end{cases}\end{aligned} \quad (2.5)$$

令 $b = d - \beta$. 对偶问题等价于以下辅助问题

$$\min \quad \mathbb{E}[X_T^\alpha - b]^2,$$
$$\text{s.t.} \begin{cases} (\pi(t), q(t)) \in \alpha_S, \\ (X_t^\alpha, \pi(t), q(t)) \text{ 满足 } (2.3). \end{cases} \quad (2.6)$$

2.2 辅助问题的值函数

辅助问题 (2.6) 对应的值函数为

$$V(t, x) = \min_{\alpha \in \alpha_S} \mathbb{E}[(X_T^\alpha - b)^2 | X_t = x]. \quad (2.7)$$

进而, 可以通过动态规划理论确定辅助问题 (2.6) 的最优控制.

如果值函数 $V(t,x)$ 光滑, 即二阶连续可导 ($V \in \mathcal{C}^{1,2}$), 则 V 满足以下 HJB 方程

$$\min_{\substack{0 \leqslant q \leqslant 1 \\ \pi \geqslant 0}} \left\{ v_t + [rx + (\mu - r)\pi + [\theta q - (\theta - \eta)]\lambda m_1] v_x \right. \\ \left. + \frac{1}{2} \left[\sigma^2 \pi^2 + 2\sqrt{\lambda m_2} \rho \sigma q \pi + \lambda m_2 q^2 \right] v_{xx} \right\} = 0, \quad (2.8)$$

以及边界条件

$$v(T, x) = (x - b)^2, \quad (2.9)$$

其中, $\rho \in [-1, 1]$ 是标准布朗运动 $W_1(t)$ 和 $W(t)$ 的相关系数. 并且, 假设布朗运动 $W_1(t)$ 和 $W_0(t)$ 相互独立. 于是有 $\rho = 0$, HJB 方程 (2.8) 可化简为

$$v_t + rx v_x + \min_{\pi \geqslant 0} \left\{ (\mu - r)\pi v_x + \frac{1}{2} \sigma^2 \pi^2 v_{xx} \right\} \\ + \min_{0 \leqslant q \leqslant 1} \left\{ [\theta q - (\theta - \eta)] \lambda m_1 v_x + \frac{1}{2} \lambda m_2 q^2 v_{xx} \right\} = 0. \quad (2.10)$$

由于 $V \in \mathcal{C}^{1,2}$ 的条件在很多情形下不能满足, 所以我们研究 HJB 方程的黏性解. 一阶 Hamilton-Jacobi 方程的黏性解首先由 Crandell 和 Lions (1983) 提出, 二阶偏微分方程的黏性解由 Lions (1983a, 1983b) 提出. 现在, 黏性解是研究 HJB 方程的一种标准化的工具. 采用 Crandell 和 Lions (1983) 及 Soner (1986a, 1986b) 提出的黏性解的表示方法, 定义黏性解如下.

定义 2.2.1 称一个连续函数 $v: [0,T] \times \mathbb{R} \to \mathbb{R}^+$ 为 (2.9)—(2.10) 在 $(t,x) \in [0,T] \times \mathbb{R}$ 的一个上黏性解, 如果对于任意的满足 $v(t,x) = \varphi(t,x)$, $v - \varphi$ 在 (t,x) 取到最大值的二阶连续可微函数 $\varphi: [0,T] \times \mathbb{R} \to \mathbb{R}^+$, 有

$$\varphi_t + rx\varphi_x + \min_{\pi \geqslant 0} \left\{ (\mu - r)\pi\varphi_x + \frac{1}{2}\sigma^2\pi^2\varphi_{xx} \right\}$$
$$+ \min_{0 \leqslant q \leqslant 1} \left\{ [\theta q - (\theta - \eta)]\lambda m_1 \varphi_x + \frac{1}{2}\lambda m_2 q^2 \varphi_{xx} \right\} \geqslant 0.$$

称一个连续函数 $v: [0,T] \times \mathbb{R} \to \mathbb{R}^+$ 为 (2.9)—(2.10) 在 $(t,x) \in [0,T] \times \mathbb{R}$ 的一个下黏性解, 如果对于任意的满足 $v(t,x) = \varphi(t,x)$, $v - \varphi$ 在 (t,x) 取到最大值的二阶连续可微函数 $\varphi: [0,T] \times \mathbb{R} \to \mathbb{R}^+$, 有

$$\varphi_t + rx\varphi_x + \min_{\pi \geqslant 0} \left\{ (\mu - r)\pi\varphi_x + \frac{1}{2}\sigma^2\pi^2\varphi_{xx} \right\}$$
$$+ \min_{0 \leqslant q \leqslant 1} \left\{ [\theta q - (\theta - \eta)]\lambda m_1 \varphi_x + \frac{1}{2}\lambda m_2 q^2 \varphi_{xx} \right\} \leqslant 0.$$

称一个连续函数 $v: [0,T] \times \mathbb{R} \to \mathbb{R}^+$ 为 (2.9)—(2.10) 的一个黏性解, 如果 v 在任意的 $(t,x) \in [0,T] \times \mathbb{R}$ 都既是上黏性解, 又是下黏性解.

以下定理表明 (2.9)—(2.10) 有一个连续的黏性解.

定理 2.2.1 函数

2.2 辅助问题的值函数

$$v(t,x) = \begin{cases} e^{-2r(t-T)}\big[x - g_1(t)e^{r(t-T)}\big]^2, & (t,x) \in \mathcal{A}_1, \\ e^{(A(1)-2r)(t-T)}\big[x - g_1(t)e^{r(t-T)}\big]^2, & (t,x) \in \mathcal{A}_2, \\ e^{(A(0)-2r)(t-T)}\big[x - g_0(t)e^{r(t-T)}\big]^2 + \dfrac{\lambda m_2}{A(0)-2r}(1 - e^{(A(0)-2r)(t-T)}), \\ & (t,x) \in \mathcal{A}_3, \\ \left(\dfrac{m_2}{m_1\theta}\right)^2 e^{(A(k)-2r)(t-T)} + \dfrac{\lambda m_2(1-k)^2}{A(k)-2r}(1 - e^{(A(k)-2r)(t-T)}), \\ & (t,x) \in \mathcal{A}_4, \end{cases}$$

是边界条件为 (2.9) 的 HJB 方程 (2.10) 的一个连续黏性解. 其中

$$A(k) = \frac{(\mu-r)^2}{\sigma^2} + \frac{\lambda m_1^2 \theta^2 k^2}{m_2}, \quad k \in [0,1], \tag{2.11}$$

$$g_0(t) = b + \frac{\lambda m_1 \eta}{r}(1 - e^{-r(t-T)}), \tag{2.12}$$

$$g_1(t) = b - \frac{\lambda m_1 (\theta - \eta)}{r}(1 - e^{-r(t-T)}), \tag{2.13}$$

$$k = k(t,x) = \frac{\eta}{\theta} + \frac{r}{\lambda m_1 \theta} \frac{b - e^{r(t-T)}\left(x + \dfrac{m_2}{m_1\theta}\right)}{1 - e^{-r(t-T)}},$$

并且

$$\mathcal{A}_1 = \left\{(t,x) \in [0,T] \times \mathbb{R} : x - g_1(t)e^{r(t-T)} \geqslant 0\right\},$$

$$\mathcal{A}_2 = \left\{(t,x) \in [0,T] \times \mathbb{R} : -\frac{m_2}{m_1\theta} \leqslant x - g_1(t)e^{r(t-T)} < 0\right\},$$

$$\mathcal{A}_3 = \left\{(t,x) \in [0,T] \times \mathbb{R} : x - g_0(t)e^{r(t-T)} \leqslant -\frac{m_2}{m_1\theta}\right\},$$

$$\mathcal{A}_4 = \left\{(t,x) \in [0,T] \times \mathbb{R} : x - g_1(t)e^{r(t-T)} \leqslant -\frac{m_2}{m_1\theta} \leqslant x - g_0(t)e^{r(t-T)}\right\}.$$

使得方程 (2.10) 的左边取到最小值的 $(\pi_t^*(x), q_t^*(x))$ 的表达式为

$$(\pi_t^*(x), q_t^*(x)) = \begin{cases} (0,0), & (t,x) \in \mathcal{A}_1, \\ \left(-\dfrac{\mu-r}{\sigma^2}[x-g_1(t)e^{r(t-T)}], -\dfrac{m_1\theta}{m_2}[x-g_1(t)e^{r(t-T)}]\right), \\ & (t,x) \in \mathcal{A}_2, \\ \left(-\dfrac{\mu-r}{\sigma^2}[x-g_0(t)e^{r(t-T)}], 1\right), & (t,x) \in \mathcal{A}_3. \\ \left(\dfrac{m_2(\mu-r)}{m_1\theta\sigma^2}, 1\right), & (t,x) \in \mathcal{A}_4, \end{cases}$$

证明 为解释方程的解法,我们通过解析的方法求解方程 (2.9)—(2.10).

我们构造边界条件为 (2.9) 的 HJB 方程 (2.10) 的一个黏性解. 假设 HJB 方程的解光滑 (即 $v \in \mathcal{C}^{1,2}$),并且满足 $v_{xx} > 0$ (由值函数的凸性可得). 于是,当 $v_x \geqslant 0$ 时,HJB 方程 (2.10) 的左边在 $\alpha = (\pi, q) = (0, 0)$ 处取到最小值. 假设 $v(t, x)$ 具有以下平凡形式:

$$v(t, x) = P(t)x^2 + Q(t)x + R(t), \tag{2.14}$$

其中,$P(\cdot), Q(\cdot), R(\cdot)$ 是关于 t 的三个待求函数. 将 (2.14) 和 $\alpha^* = (\pi^*, q^*) = (0, 0)$ 代回到 (2.10),HJB 方程成为

$$[P'(t) + 2rP(t)]x^2 + [Q'(t) + rQ(t) - 2(\theta-\eta)\lambda m_1 P(t)]x + R'(t) - (\theta-\eta)\lambda m_1 Q(t) = 0.$$

因此,$P(\cdot), Q(\cdot), R(\cdot)$ 需要满足以下微分方程 (其中,第一个方程是一个特殊的 Riccati 方程)

$$\begin{cases} P'(t) + 2rP(t) = 0, \\ Q'(t) + rQ(t) - 2(\theta-\eta)\lambda m_1 P(t) = 0, \\ R'(t) - (\theta-\eta)\lambda m_1 Q(t) = 0, \end{cases} \tag{2.15}$$

2.2 辅助问题的值函数

并且, 满足边界条件:

$$P(T) = 1, \quad Q(T) = -2b, \quad R(T) = b^2. \tag{2.16}$$

求解 (2.15) 和 (2.16), 得到

$$v(t,x) = P_1(t)x^2 + Q_1(t)x + R_1(t),$$

其中

$$\begin{cases} P_1(t) = e^{-2r(t-T)}, \\ Q_1(t) = -2g_1(t)e^{-r(t-T)}, \\ R_1(t) = g_1^2(t), \end{cases}$$

且 $g_1(t)$ 由 (2.13) 给出.

考虑到 $v_x \geqslant 0$ 的假设, 在区域

$$\mathcal{A}_1 = \left\{ (t,x) \in [0,T] \times \mathbb{R} : x - g_1(t)e^{r(t-T)} \geqslant 0 \right\}$$

内, 有

$$v(t,x) = e^{-2r(t-T)}\left[x - g_1(t)e^{r(t-T)}\right]^2,$$

并且在 $(\pi^*, q^*) = (0,0)$ 处取到最小值.

对于 $(t,x) \in \left\{(t,x) \in [0,T] \times \mathbb{R} : x - g_1(t)e^{r(t-T)} < 0\right\}$, 有 $v_x < 0$. 假设 (2.10) 的最小值在控制区域的内点处取得, 即最优的 $\pi^*(t,x)$ 非负, 并且对于所有的 $(t,x) \in [0,T] \times \mathbb{R}$, $q^*(t,x)$ 均在 $[0,1]$ 内取值. 于是有

$$\pi^0(t,x) = -\frac{\mu - r}{\sigma^2}\frac{v_x}{v_{xx}},$$

$$q^0(t,x) = -\frac{m_1\theta}{m_2}\frac{v_x}{v_{xx}}.$$

由于 $\pi^0(t,x)$ 始终为正, 因此, 最优投资策略 $\pi^*(t,x) \equiv \pi^0(t,x) = -\dfrac{\mu-r}{\sigma^2} \cdot \dfrac{v_x}{v_{xx}}$. 考虑到 $q^0(t,x) > 0$ 恒成立, 只需比较 $q^0(t,x)$ 与 1 的大小. 若 $q^0(t,x) \leqslant 1$, 则最优再保险的自留风险比例 $q^*(t,x)$ 与 $q^0(t,x)$ 相等. 否则, 令 $q^*(t,x) = 1$.

对于 $q^0(t,x) \leqslant 1$, 有 $q^*(t,x) = q^0(t,x) = -\dfrac{m_1\theta}{m_2} \dfrac{v_x}{v_{xx}}$. 将 $\alpha^* = (\pi^*, q^*)$ 代入 (2.10), HJB 方程可化为

$$v_t + rxv_x - (\theta - \eta)\lambda m_1 v_x - \frac{(\mu-r)^2}{2\sigma^2} \frac{v_x^2}{v_{xx}} - \frac{\lambda m_1^2 \theta^2}{2m_2} \frac{v_x^2}{v_{xx}} = 0. \quad (2.17)$$

将平凡解 (2.14) 和 $\alpha^* = (\pi^*, q^*)$ 代入 (2.17), 得到满足边界条件 (2.16) 的微分方程组

$$\begin{cases} P'(t) + [2r - A(1)]P(t) = 0, \\ Q'(t) + [r - A(1)]Q(t) - 2\lambda m_1(\theta - \eta)P(t) = 0, \\ R'(t) - \dfrac{A(1)Q^2(t)}{4P(t)} - \lambda m_1(\theta - \eta)Q(t) = 0, \end{cases} \quad (2.18)$$

其中, $A(1) = \dfrac{(\mu-r)^2}{\sigma^2} + \dfrac{\lambda m_1^2 \theta^2}{m_2}$.

解方程组 (2.16) 和 (2.18), 得到

$$v(t,x) = P_2(t)x^2 + Q_2(t)x + R_2(t),$$

其中

$$\begin{cases} P_2(t) = e^{(A(1)-2r)(t-T)}, \\ Q_2(t) = -2g_1(t)e^{(A(1)-r)(t-T)}, \\ R_2(t) = g_1^2(t)e^{A(1)(t-T)}, \end{cases}$$

且 $g_1(t)$ 由 (2.13) 给出.

2.2 辅助问题的值函数

由于 $v_x < 0$, 并且 $q^0(t,x) \leqslant 1$, 在区域

$$\mathcal{A}_2 = \left\{ (t,x) \in [0,T] \times \mathbb{R} : -\frac{m_2}{m_1 \theta} \leqslant x - g_1(t)e^{r(t-T)} < 0 \right\}$$

内, 有

$$v(t,x) = e^{(A(1)-2r)(t-T)} \left[x - g_1(t)e^{r(t-T)} \right]^2,$$

并且最小值点为

$$\alpha^* = (\pi^*, q^*) = \left(-\frac{\mu-r}{\sigma^2} \left[x - g_1(t)e^{r(t-T)} \right], -\frac{m_1 \theta}{m_2} \left[x - g_1(t)e^{r(t-T)} \right] \right).$$

对于 $q^0(t,x) > 1$, 令比例再保险的最优自留份额为 $q^*(t,x) = 1$. 于是, HJB 方程 (2.10) 为

$$v_t + rxv_x + \lambda m_1 \eta v_x - \frac{(\mu-r)^2}{2\sigma^2} \frac{v_x^2}{v_{xx}} + \frac{1}{2}\lambda m_2 v_{xx} = 0. \qquad (2.19)$$

将平凡解 (2.14) 和最优策略 $\alpha^* = (\pi^*, 1)$ 代入 (2.19), 得到满足边界条件 (2.16) 的微分方程组

$$\begin{cases} P'(t) + [2r - A(0)]P(t) = 0, \\ Q'(t) + [r - A(0)]Q(t) + 2\lambda m_1 \eta P(t) = 0, \\ R'(t) - \dfrac{A(0)Q^2(t)}{4P(t)} + \lambda m_1 \eta Q(t) + \lambda m_2 P(t) = 0, \end{cases} \qquad (2.20)$$

其中, $A(0) = \dfrac{(\mu-r)^2}{\sigma^2}$. 解常微分方程组 (2.16) 和 (2.20), 有

$$v(t,x) = P_3(t)x^2 + Q_3(t)x + R_3(t),$$

其中

$$\begin{cases} P_3(t) = e^{(A(0)-2r)(t-T)}, \\ Q_3(t) = -2g_0(t)e^{(A(0)-r)(t-T)}, \\ R_3(t) = g_0^2(t)e^{A(0)(t-T)} + \dfrac{\lambda m_2}{A(0) - 2r}(1 - e^{(A(0)-2r)(t-T)}), \end{cases}$$

$g_0(t)$ 由 (2.12) 给出.

考虑到 $v_x < 0$ 和 $q^0(t,x) > 1$ 两个条件, 在区域

$$\mathcal{A}_3 = \left\{(t,x) \in [0,T] \times \mathbb{R} : x - g_0(t)e^{r(t-T)} \leqslant -\frac{m_2}{m_1\theta}\right\}$$

中, 有

$$v(t,x) = e^{(A(0)-2r)(t-T)}\left[x - g_0(t)e^{r(t-T)}\right]^2 + \frac{\lambda m_2}{A(0)-2r}\left(1 - e^{(A(0)-2r)(t-T)}\right),$$

并且, 最小值点为

$$\alpha^* = (\pi^*, q^*) = \left(-\frac{\mu-r}{\sigma^2}\left[x - g_0(t)e^{r(t-T)}\right], 1\right).$$

如果将已得到解的区域画出 (图 2.2.1), 我们发现 HJB 方程在区域 $\mathcal{A}_4$ 内的解仍有待确定. 由于 $q^0(t,x)$ 在区域 $\mathcal{A}_2$ 中不超过 1, 而在 $\mathcal{A}_3$ 中始终大于 1; 并且, 在 $\mathcal{A}_2$ 的下边界和 $\mathcal{A}_3$ 的上边界上, 有 $q^0(t,x) = 1$. 因此, 有望使得 $q^0(t,x)$ 在区域

$$\mathcal{A}_4 = \left\{(t,x) \in [0,T] \times \mathbb{R} : x - g_1(t)e^{r(t-T)} \leqslant -\frac{m_2}{m_1\theta} \leqslant x - g_0(t)e^{r(t-T)}\right\}$$

中的值恒为 1. 在 $\mathcal{A}_4$ 这个区域中, 由于我们所考虑的均值—方差问题的 HJB 方程的解不再是一个二次函数, 通过解析的方法求解该方程将变得非常困难. 因此, 无法通过其他区域中使用的传统解析方法得到 HJB 方程的显式解.

接下来将构造方程在 $\mathcal{A}_4$ 这个区域中的解. 令

$$\mathcal{C}_k = \left\{(t,x) \in [0,T] \times \mathbb{R} : x - g(k,t)e^{r(t-T)} = -\frac{m_2}{m_1\theta}\right\},$$

2.2 辅助问题的值函数

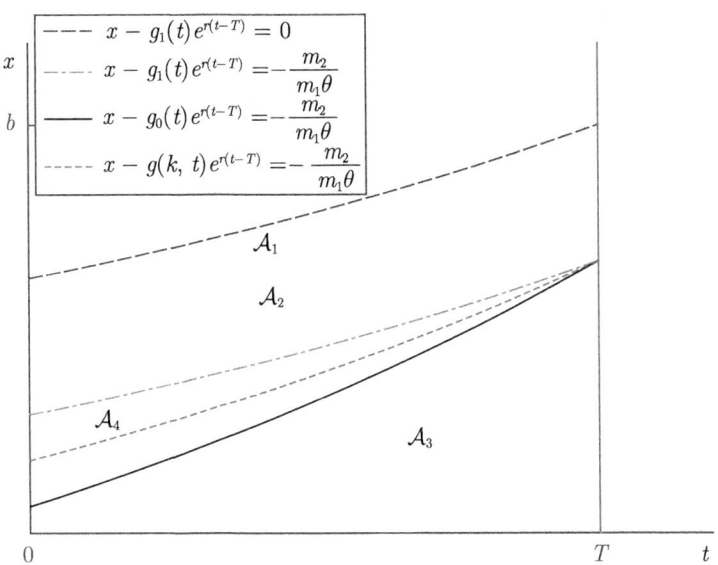

图 2.2.1 区域 $\mathcal{A}_i$, $i = 1, 2, 3, 4$. 对于区域 $\mathcal{A}_4$, 可将其看作曲线族 $\{\mathcal{C}_k\}_{0 \leqslant k \leqslant 1}$ (即虚线), 进而在每条曲线上构造 HJB 方程的解

其中

$$g(k, t) = b - \frac{\lambda m_1(k\theta - \eta)}{r}\left(1 - e^{-r(t-T)}\right), \quad 0 < k < 1. \tag{2.21}$$

通过比较 $v(t, x)$ 在区域 $\mathcal{A}_4$ 的上下边界上的表达式, 我们猜测 v 在曲线 $\mathcal{C}_k (0 < k < 1)$ 上具有以下形式:

$$v(t, x) = e^{(A(k) - 2r)(t-T)}\left[x - g(k, t) e^{r(t-T)}\right]^2 + H(t), \tag{2.22}$$

其中, $A(k)$ 由 (2.11) 给出.

将 (2.22) 代入 $q^0(t, x)$, 得到 $q^0(t, x)$ 在 $\mathcal{A}_4$ 中恰好恒为 1, 这与我们的预期相符. 因此, $\mathcal{A}_4$ 中的最优再保险策略 $q^* = 1$. 将 (2.22) 代入 HJB 方程, 整理可得

$$H(t) = \frac{\lambda m_2 (1-k)^2}{A(k) - 2r}\left(1 - e^{(A(k) - 2r)(t-T)}\right).$$

因此, 对于 $(t, x) \in \mathcal{A}_4$, 有

$$v(t,x) = e^{(A(k)-2r)(t-T)} \left[x - g(k,t)e^{r(t-T)}\right]^2$$
$$+ \frac{\lambda m_2(1-k)^2}{A(k)-2r}\left(1 - e^{(A(k)-2r)(t-T)}\right)$$
$$= \left(\frac{m_2}{m_1\theta}\right)^2 e^{(A(k)-2r)(t-T)} + \frac{\lambda m_2(1-k)^2}{A(k)-2r}\left(1 - e^{(A(k)-2r)(t-T)}\right),$$

其中

$$k = k(t,x) = \frac{\eta}{\theta} + \frac{r}{\lambda m_1 \theta} \frac{b - e^{r(t-T)}\left(x + \frac{m_2}{m_1\theta}\right)}{1 - e^{-r(t-T)}},$$

并且, 最小值点为

$$\alpha^* = (\pi^*, q^*) = \left(\frac{m_2(\mu-r)}{m_1\theta\sigma^2}, 1\right). \quad \blacksquare$$

于是构造出了边界条件为 (2.9) 的 HJB 方程 (2.10) 的解 $v(t,x)$, 该显式解的表达式在定理 2.2.1 中给出. 接下来, 可以证明 $v(t,x)$ 在区域 $\mathcal{A}_i$ ($i=1,2,3,4$) 的内集是一个光滑解, 而在 $\mathcal{A}_i$ ($i=1,2,3,4$) 的边界上是一个黏性解.

注解 2.2.1 通过文献 (Yong and Zhou, 1999) 中验证定理的证明可知, 值函数是 HJB 方程的一个黏性解, 并且 HJB 方程至多有一个黏性解. 由于我们所构造的 $v(t,x)$ 是一个黏性解, 可以得到如下结论: 辅助问题 (2.6) 的值函数 $V(t,x)$ 与定理 2.2.1 中构造的 $v(t,x)$ 相同. 并且, 最优反馈控制由定理 2.2.1 中的 $\alpha^* = (\pi_t^*(x), q_t^*(x))$ 给出, 其中, $x = X_t^{\alpha^*}$ 为控制 α^* 下的动态过程.

2.3 有效策略与有效边界

为了方便符号表示, 在本节中定义:

$$\kappa_0 \triangleq X_0 - g_0(0)e^{-rT}, \qquad \kappa_1 := X_0 - g_1(0)e^{-rT},$$
$$\kappa_0^* \triangleq X_t^* - g_0(t)e^{r(t-T)}, \qquad \kappa_1^* := X_t^* - g_1(t)e^{r(t-T)},$$

2.3 有效策略与有效边界

其中

$$g_0(0) = d - \beta + \frac{\lambda m_1 \eta}{r}(1 - e^{rT}),$$

$$g_1(0) = d - \beta - \frac{\lambda m_1(\theta - \eta)}{r}(1 - e^{rT}),$$

$$g_0(t) = d - \beta^* + \frac{\lambda m_1 \eta}{r}(1 - e^{-r(t-T)}),$$

$$g_1(t) = d - \beta^* - \frac{\lambda m_1(\theta - \eta)}{r}(1 - e^{-r(t-T)}),$$

$$\beta^* = \frac{d - X_0 e^{rT} + \dfrac{\lambda m_1 \eta}{r}(1 - e^{rT})}{1 - e^{A(0)T}}.$$

根据文献 (史树中, 1990) 中的定理 2.5.2 (即 Fritz John 条件), 在我们的建模下, 拉格朗日乘子 β 存在. 然后, 我们可以运用 2.1 节中的结果来确定均值—方差问题中的均衡策略. 令 $V(t,x)$ 中的 $t=0$, 且 $x=X_0$, 得到

$$V_\beta(0, X_0) = V(0, X_0) - \beta^2$$

$$= \begin{cases} e^{2rT}\kappa_1^2 - \beta^2, & \kappa_1 \geqslant 0, \\ e^{-(A(1)-2r)T}\kappa_1^2 - \beta^2, & -\dfrac{m_2}{m_1\theta} \leqslant \kappa_1 < 0, \\ \left(\dfrac{m_2}{m_1\theta}\right)^2 e^{-(A(k)-2r)T} + \dfrac{\lambda m_2(1-k)^2}{A(k)-2r}(1 - e^{-(A(k)-2r)T}) - \beta^2, \\ \qquad \kappa_1 < -\dfrac{m_2}{m_1\theta} < \kappa_0, \\ e^{-(A(0)-2r)T}\kappa_0^2 + \dfrac{\lambda m_2}{A(0)-2r}(1 - e^{-(A(0)-2r)T}) - \beta^2, \\ \qquad \kappa_0 \leqslant -\dfrac{m_2}{m_1\theta}. \end{cases}$$

$V_\beta(0, X_0)$ 的值依赖于拉格朗日乘子 β. 为得到原问题的最优值 (即 X_T 的最小方差) 和最优策略, 只需令 β 取遍整个实数集 $\mathbb{R}$, 然后寻找 $V_\beta(0, X_0)$ 的最大值.

2.3.1 当 $d \geqslant X_0 e^{rT} + \dfrac{\lambda m_1 \eta}{r}(e^{rT}-1) + \dfrac{m_2}{m_1 \theta}e^{rT}$ 时

定理 2.3.1 当 $d \geqslant X_0 e^{rT} + \dfrac{\lambda m_1 \eta}{r}(e^{rT}-1) + \dfrac{m_2}{m_1 \theta}e^{rT}$ 时, 问题 (2.4) 对应着期望终端财富 $EX_T^* = d$ 的有效策略为

$$(\pi_t^*, q_t^*) = \begin{cases} (0,0), & \kappa_1^* \geqslant 0, \\ \left(-\dfrac{\mu-r}{\sigma^2}\kappa_1^*, -\dfrac{m_1\theta}{m_2}\kappa_1^*\right), & -\dfrac{m_2}{m_1\theta} \leqslant \kappa_1^* < 0, \\ \left(\dfrac{m_2(\mu-r)}{m_1\theta\sigma^2}, 1\right), & \kappa_1^* < -\dfrac{m_2}{m_1\theta} < \kappa_0^*, \\ \left(-\dfrac{\mu-r}{\sigma^2}\kappa_0^*, 1\right), & \kappa_0^* \leqslant -\dfrac{m_2}{m_1\theta}. \end{cases}$$

均衡边界为

$$\mathrm{Var} X_T^* = \frac{\left[d - X_0 e^{rT} + \dfrac{\lambda m_1 \eta}{r}(1-e^{rT})\right]^2}{e^{A(0)T}-1} + \frac{\lambda m_2 \left(1 - e^{-(A(0)-2r)T}\right)}{A(0)-2r}, \tag{2.23}$$

其中, $A(0) = \dfrac{(\mu-r)^2}{\sigma^2}$.

证明 我们可以首先找到 $V_\beta(0, X_0)$ 在每一段上的最大值, 然后令 β 取遍整个实数集, 进而确定 $V_\beta(0, X_0)$ 在 $\mathbb{R}$ 上的最大值.

(1) 当 $\kappa_1 \geqslant 0$, 即 $\beta \geqslant \beta_2$ 时, 其中 $\beta_2 \triangleq d - X_0 e^{rT} - \dfrac{\lambda m_1(\theta-\eta)}{r}(1-e^{rT})$. 由于 $d \geqslant X_0 e^{rT} + \dfrac{\lambda m_1(\theta-\eta)}{r}(1-e^{rT})$, $V_\beta(0, X_0)$ 为一个线性函数, 并且是关于 β 的单调递减函数. 于是有

$$\max_{\beta \geqslant \beta_2} V_\beta(0, X_0) = V_{\beta_2}(0, X_0) = -\left[d - X_0 e^{rT} - \dfrac{\lambda m_1(\theta-\eta)}{r}(1-e^{rT})\right]^2.$$

(2) 当 $-\dfrac{m_2}{m_1\theta} \leqslant \kappa_1 < 0$, 即 $\beta_1 \leqslant \beta < \beta_2$ 时, 其中 $\beta_1 \triangleq d - X_0 e^{rT} - \dfrac{\lambda m_1(\theta-\eta)}{r}(1-e^{rT}) - \dfrac{m_2}{m_1\theta}e^{rT}$, $V_\beta(0, X_0)$ 是关于 β 的二次函数凸函数. 计算可得:

2.3 有效策略与有效边界

(a) 若 $d \leqslant d_1$, 其中 $d_1 \triangleq X_0 e^{rT} + \dfrac{\lambda m_1(\theta - \eta)}{r}(1 - e^{rT}) + \dfrac{m_2}{m_1 \theta} e^{rT}(1 - e^{-A(1)T})$, 有

$$\max_{\beta_1 \leqslant \beta < \beta_2} V_\beta(0, X_0) = V_{\overline{\beta}^*}(0, X_0) = \frac{\left[d - X_0 e^{rT} - \dfrac{\lambda m_1(\theta - \eta)}{r}(1 - e^{rT})\right]^2}{e^{A(1)T} - 1},$$

其中, $\overline{\beta}^* = \dfrac{d - X_0 e^{rT} - \dfrac{\lambda m_1(\theta - \eta)}{r}(1 - e^{rT})}{1 - e^{A(1)T}}.$

(b) 若 $d > d_1$, 有

$$\max_{\beta_1 \leqslant \beta < \beta_2} V_\beta(0, X_0) = V_{\beta_1}(0, X_0) = \left(\frac{m_2}{m_1 \theta}\right)^2 e^{-(A(1) - 2r)T} - \beta_1^2.$$

在两种情形下, 通过简单的推导, 都可以证明 $\max\limits_{\beta_1 \leqslant \beta < \beta_2} V_\beta(0, X_0) > V_{\beta_2}(0, X_0) = \max\limits_{\beta < \beta_2} V_\beta(0, X_0).$

(3) 当 $\kappa_0 \leqslant -\dfrac{m_2}{m_1 \theta}$, 即 $\beta \leqslant \beta_0$ 时, 其中 $\beta_0 \triangleq d - X_0 e^{rT} + \dfrac{\lambda m_1 \eta}{r}(1 - e^{rT}) - \dfrac{m_2}{m_1 \theta} e^{rT}$, $V_\beta(0, X_0)$ 关于 β 是一个二次凸函数. 于是

(a) 若 $d < d_2$, 其中 $d_2 \triangleq X_0 e^{rT} - \dfrac{\lambda m_1 \eta}{r}(1 - e^{rT}) + \dfrac{m_2}{m_1 \theta} e^{rT}(1 - e^{-A(0)T})$, 有

$$\max_{\beta \leqslant \beta_0} V_\beta(0, X_0) = V_{\beta_0}(0, X_0)$$
$$= \left(\frac{m_2}{m_1 \theta}\right)^2 e^{-(A(0) - 2r)T} + \frac{\lambda m_2 [1 - e^{-(A(0) - 2r)T}]}{A(0) - 2r} - \beta_0^2.$$

(b) 若 $d \geqslant d_2$, 有

$$\max_{\beta \leqslant \beta_0} V_\beta(0, X_0) = V_{\beta^*}(0, X_0)$$
$$= \frac{\left[d - X_0 e^{rT} + \dfrac{\lambda m_1 \eta}{r}(1 - e^{rT})\right]^2}{e^{A(0)T} - 1}$$
$$+ \frac{\lambda m_2 (1 - e^{-(A(0) - 2r)T})}{A(0) - 2r},$$

其中, $\beta^* = \dfrac{d - X_0 e^{rT} + \dfrac{\lambda m_1 \eta}{r}(1 - e^{rT})}{1 - e^{A(0)T}}.$

(4) 当 $\kappa_1 < -\dfrac{m_2}{m_1 \theta} < \kappa_0$, 即 $\beta_0 < \beta < \beta_1$ 时, 有

$$V_\beta(0, X_0) = \left(\dfrac{m_2}{m_1 \theta}\right)^2 e^{-(A(k)-2r)T} + \lambda m_2 (1-k)^2 \dfrac{1 - e^{-(A(k)-2r)T}}{A(k) - 2r} - \beta^2,$$

其中

$$k = k(\beta) = \dfrac{\eta}{\theta} + \dfrac{r}{\lambda m_1 \theta} \dfrac{d - \beta - e^{-rT}\left(X_0 + \dfrac{m_2}{m_1 \theta}\right)}{1 - e^{rT}}.$$

如果把 $V_\beta(0, X_0)$ 看作关于 k 的函数, 得到

$$V_\beta(0, X_0) = \left(\dfrac{m_2}{m_1 \theta}\right)^2 e^{-(A(k)-2r)T} + \lambda m_2 (1-k)^2 \dfrac{1 - e^{-(A(k)-2r)T}}{A(k) - 2r} - \beta(k)^2,$$

其中

$$\beta(k) \triangleq d - X_0 e^{rT} - \dfrac{\lambda m_1 (k\theta - \eta)}{r}(1 - e^{rT}) - \dfrac{m_2}{m_1 \theta} e^{rT}, \quad 0 \leqslant k \leqslant 1.$$

由于 $V_\beta(0, X_0)$ 在 $[\beta_0, \beta_1]$ 上连续, V_β 在此闭区间 $[\beta_0, \beta_1]$ 的最大值必然存在. 然而, 由于函数表达式过于复杂, 其最大值点和最大值的显式表达式难以得到. 但是, 对于 $d \geqslant \bar{d}$, 其中 $\bar{d} \triangleq x_0 e^{rT} + \dfrac{\lambda m_1 \eta}{r}(e^{rT} - 1) + \dfrac{m_2}{m_1 \theta} e^{rT}$, 可以比较该最大值和 $V_{\beta_0}(0, X_0)$ 的大小. 接下来, 我们将说明对于 $d \geqslant \bar{d}$ 和任意的 $\beta \in [\beta_0, \beta_1]$, 始终有 $V_\beta(0, X_0) \leqslant V_{\beta_0}(0, X_0)$.

对于任意的 $\alpha \in \mathbb{R}$, 容易证明 $f(\alpha) = \dfrac{1 - e^{-\alpha T}}{\alpha}$ 是一个取值为正的单调减函数. 对于 $A(0) \leqslant A(k) \leqslant A(1)$ 和 $d \geqslant \bar{d}$, 有 $0 \leqslant \beta_0 \leqslant \beta(k) \leqslant \beta_1$. 因此, 对于 $\beta_0 \leqslant \beta \leqslant \beta_1$,

$$V_\beta(0, X_0) \leqslant \left(\dfrac{m_2}{m_1 \theta}\right)^2 e^{-(A(0)-2r)T} + \lambda m_2 (1-k)^2 \dfrac{1 - e^{-(A(0)-2r)T}}{A(0) - 2r} - \beta_0^2$$

$$\leqslant \left(\dfrac{m_2}{m_1 \theta}\right)^2 e^{-(A(0)-2r)T} - \beta_0^2 < V_{\beta_0}(0, X_0).$$

2.3 有效策略与有效边界

考虑到 $d \geqslant \overline{d}$ 且 $\overline{d} > d_i$, $i = 1, 2$, 对于 $\beta \in \mathbb{R}$, 为得到 $V_\beta(0, X_0)$ 的最大值, 只需比较 $V_{\beta_1}(0, X_0)$ 和 $V_{\beta^*}(0, X_0)$ 的大小,

$$V_{\beta^*}(0, X_0) = \frac{\left[d - X_0 e^{rT} + \frac{\lambda m_1 \eta}{r}(1 - e^{rT})\right]^2}{e^{A(0)T} - 1} + \frac{\lambda m_2[1 - e^{-(A(0) - 2r)T}]}{A(0) - 2r}$$

$$> \frac{\left[d - X_0 e^{rT} + \frac{\lambda m_1 \eta}{r}(1 - e^{rT})\right]^2}{e^{A(0)T} - 1} \geqslant \frac{\left[\frac{m_2}{m_1 \theta} e^{rT}\right]^2}{e^{A(0)T} - 1}$$

$$> \left(\frac{m_2}{m_1 \theta}\right)^2 \frac{e^{2rT}}{e^{A(1)T}} \geqslant V_{\beta_1}(0, X_0).$$

因此

$$\max_{\beta \in \mathbb{R}} V_\beta(0, X_0) = V_{\beta^*}(0, X_0), \quad d \geqslant \overline{d},$$

并且, 有效边界为 (2.23). ∎

2.3.2 当 $d < X_0 e^{rT} + \frac{\lambda m_1 \eta}{r}(e^{rT} - 1) + \frac{m_2}{m_1 \theta} e^{rT}$ 时

当 $d_0 \leqslant d \leqslant \overline{d}$ 时, 由于 $V_\beta(0, X_0)$ 的表达式比较复杂, 其最大值难以确定, 因此很难得到有效边界的显式表达式. 但是, 通过数值方法计算 V_β 的最大值, 可以得到如下结论:

如果 $d_1 \leqslant d_2$, 有

- 当 $d_0 \leqslant d \leqslant d_1$ 时, $\max\limits_{\beta \in \mathbb{R}} V_\beta(0, X_0) = V_{\bar{\beta}^*}(0, X_0)$. 因此, 对应于 $EX_T^* = d$ 的有效边界为

$$\text{Var} X_T^* = \frac{\left[d - X_0 e^{rT} - \frac{\lambda m_1 (\theta - \eta)}{r}(1 - e^{rT})\right]^2}{e^{A(1)T} - 1}. \tag{2.24}$$

- 当 $d_1 < d < d_2$ 且 β 取遍实数集 $\mathbb{R}$ 时, $V_\beta(0, X_0)$ 在 $\hat{\beta}^* \in (\beta_0, \beta_1)$ 取到最大值, 并且有效边界为 $V_{\hat{\beta}^*}(0, X_0)$. 在此情形下, 有效策略和有效边界的显式表达式难以确定.

- 当 $d \geqslant d_2$ 时, $\max\limits_{\beta \in \mathbb{R}} V_\beta(0, X_0) = V_{\beta^*}(0, X_0)$. 并且, 有效边界由 (2.23) 刻画.

如果 $d_1 > d_2$, 随着 β 在闭区间 $[\beta_0,\beta_1]$ 内变化, $V_\beta(0,X_0)$ 首先逐渐递增至其局部最大值, 然后递减至局部最小值再行反弹. 并且存在唯一的 $\tilde{d} \in \left(\dfrac{d_0+d_2}{2}, d_2\right)$ 使得 $\max\limits_{\beta_0 \leqslant \beta \leqslant \beta_1} V_\beta(0,X_0) = V_{\overline{\beta}^*}(0,X_0)$; 存在唯一的 $\hat{d} \in \left(d_2, \dfrac{d_1+d_2}{2}\right)$ 使得 $\max\limits_{\beta_0 \leqslant \beta \leqslant \beta_1} V_\beta(0,X_0) = V_{\beta^*}(0,X_0)$. 数值计算表明:

• 当 $d_0 \leqslant d \leqslant \tilde{d}$ 时, $\max\limits_{\beta\in\mathbb{R}} V_\beta(0,X_0) = V_{\overline{\beta}^*}(0,X_0)$, 并且有效边界为 (2.24).

• 当 $\tilde{d} < d < \hat{d}$ 时, $\max\limits_{\beta\in\mathbb{R}} V_\beta(0,X_0) = V_{\hat{\beta}^*}(0,X_0)$, 其中 $\hat{\beta}^* \in (\beta_0,\beta_1)$ 和 $d_1 \leqslant d_2$ 的情形相同, 有效策略和有效边界的显示形式难以得到.

• 当 $d \geqslant \hat{d}$ 时, $\max\limits_{\beta\in\mathbb{R}} V_\beta(0,X_0) = V_{\beta^*}(0,X_0)$, 因此, 有效边界为 (2.23).

为阐明预设的终端财富值 d 以及 d_1 和 d_2 的大小如何影响有效策略和有效边界, 我们在表 2.3.1 和表 2.3.2 中列出了相关的数值计算结果. 对于几种常用的索赔额分布函数和不同的期望盈余, 两个表格分别给出了 $V_\beta(0,X_0)$ 在每一段上的局部最大值. 在每种情形下, $V_\beta(0,X_0)$ 的全局最大值, 即 $\mathrm{Var}X_T^*$, 由黑体标出.

在表 2.3.1 中所标明的参数设定以及各索赔额分布下, 均有 $d_1 < d_2$. 对于 d 的每种可能的取值范围 (即 $d_0 \leqslant d \leqslant d_1$, $d_1 < d < d_2$ 或者 $d \geqslant d_2$), 各选一个特殊值 $\left(d = \dfrac{d_0+d_1}{2}, d = \dfrac{d_1+d_2}{2}\ \text{和}\ d = \dfrac{d_2+\overline{d}}{2}\right)$, 进而通过比较局部最大值的大小, 得到全局最大值, 对应的全局最大值点分别为 $\overline{\beta}^*$, $\hat{\beta}^*$ 和 β^*. 在表 2.3.2 的参数设定下, 始终有 $d_1 > d_2$. 当 $d \in (\tilde{d},\hat{d})$ 时, 为提高数值计算的速度, 将期望盈余设为 $d = d_2 - 100$, 而非 $\dfrac{\tilde{d}+\hat{d}}{2}$. 结果表明, 当期望终端财富分别属于 $(d_0,\tilde{d})$, $(\tilde{d},\hat{d})$ 或者 $(\hat{d},+\infty)$ 时, 对应的全局最大值点分别为 $\overline{\beta}^*$, $\hat{\beta}^*$ 或者 β^*.

2.3 有效策略与有效边界

表 2.3.1 $V_\beta(0, X_0)$ 的局部最大值和全局最大值 (令 $\lambda = 10$, $\theta = 0.3$, $\eta = 0.2$, $\mu = 0.06$, $r = 0.04$, $\sigma = 1$, $T = 100$, $X_0 = 50$. 于是, 在此表给出的各个分布下均有 $d_1 < d_2$)

		$\max\limits_{\beta \leqslant \beta_0} V_\beta$	$\max\limits_{\beta_0 < \beta < \beta_1} V_\beta$			$\max\limits_{\beta_1 \leqslant \beta < \beta_2} V_\beta$	$\max\limits_{\beta \geqslant \beta_2} V_\beta$
		V_{β^*}	V_{β_0}	$V_{\hat{\beta}^*}$	V_{β_1}	$V_{\overline{\beta}^*}$	V_{β_2}
$U(0,1)$ ($\times 10^6$, 框内值除外)	$d = \dfrac{d_0 + d_1}{2}$	/	-4.1533	-0.0037	-0.0037	$\boxed{1.7 \times 10^{-26}}$	-0.0037
	$d = \dfrac{d_1 + d_2}{2}$	/	-0.9965	$\boxed{6.5318}$	-0.8962	/	-1.1406
	$d = \dfrac{d_2 + \overline{d}}{2}$	**0.2173**	0.1306	0.1306	-3.8089	/	-4.2972
$\mathrm{Exp}(1)$ ($\times 10^7$, 框内值除外)	$d = \dfrac{d_0 + d_1}{2}$	/	-1.6809	-0.0033	-0.0033	$\boxed{9.1 \times 10^{-16}}$	-0.0033
	$d = \dfrac{d_1 + d_2}{2}$	/	-0.3927	$\boxed{77.814}$	-0.3368	/	-0.4836
	$d = \dfrac{d_2 + \overline{d}}{2}$	**0.1596**	0.0816	0.0816	-1.4784	/	-1.7716
$\Gamma(2,1)$ ($\times 10^7$, 框内值除外)	$d = \dfrac{d_0 + d_1}{2}$	/	-6.6657	-0.0075	-0.0075	$\boxed{6.3 \times 10^{-22}}$	-0.0075
	$d = \dfrac{d_1 + d_2}{2}$	/	-1.5892	$\boxed{144.61}$	-1.4119	/	-1.8521
	$d = \dfrac{d_2 + \overline{d}}{2}$	**0.4130**	0.2376	0.2376	-6.0489	/	-6.9279
$\mathrm{Erlang}(3, 0.5)$ ($\times 10^8$, 框内值除外)	$d = \dfrac{d_0 + d_1}{2}$	/	-5.9556	-0.0037	-0.0037	$\boxed{2.3 \times 10^{-30}}$	-0.0037
	$d = \dfrac{d_1 + d_2}{2}$	/	-1.4403	$\boxed{633.53}$	-1.3172	/	-1.6104
	$d = \dfrac{d_2 + \overline{d}}{2}$	**0.2413**	0.1546	0.1546	-5.5396	/	-6.1254
$\mathrm{Pareto}(3, 1)$ ($\times 10^6$, 框内值除外)	$d = \dfrac{d_0 + d_1}{2}$	/	-4.3176	-0.0331	-0.0331	$\boxed{5.4 \times 10^{-6}}$	-0.0331
	$d = \dfrac{d_1 + d_2}{2}$	/	-0.9050	$\boxed{245.60}$	-0.6891	/	-1.4259
	$d = \dfrac{d_2 + \overline{d}}{2}$	**1.2362**	0.4564	-3.3675	-3.3675	/	-4.8359
$N(1, 2^2)$ ($\times 10^7$, 框内值除外)	$d = \dfrac{d_0 + d_1}{2}$	/	-1.7430	-0.0207	-0.0207	$\boxed{0.0030}$	-0.0207
	$d = \dfrac{d_1 + d_2}{2}$	/	-0.3394	$\boxed{2611.7}$	-0.2474	/	-0.6164
	$d = \dfrac{d_2 + \overline{d}}{2}$	**0.7276**	0.2403	0.2403	-1.2836	/	-2.0184

续表

		$\max_{\beta\leqslant\beta_0} V_\beta$		$\max_{\beta_0<\beta<\beta_1} V_\beta$		$\max_{\beta_1\leqslant\beta<\beta_2} V_\beta$	$\max_{\beta\geqslant\beta_2} V_\beta$
		V_{β^*}	V_{β_0}	$V_{\hat\beta^*}$	V_{β_1}	$V_{\overline\beta^*}$	V_{β_2}
LN(1,1)	$d=\dfrac{d_0+d_1}{2}$	/	-3.4138	-0.0123	-0.0123	$\boxed{4.9\times 10^{-9}}$	-0.0123
($\times 10^8$,框内	$d=\dfrac{d_1+d_2}{2}$	/	-0.7710	$\boxed{4187.9}$	-0.6309	/	-1.0322
值除外)	$d=\dfrac{d_2+\overline d}{2}$	**0.5216**	0.2323	0.2323	$\boxed{-2.8733}$	/	-3.6740
NB(1,0.6)	$d=\dfrac{d_0+d_1}{2}$	/	-3.8213	-0.0132	-0.0132	$\boxed{2.8\times 10^{-10}}$	-0.0132
($\times 10^7$,框内	$d=\dfrac{d_1+d_2}{2}$	/	-0.8653	$\boxed{438.12}$	-0.7103	/	-1.1514
值除外)	$d=\dfrac{d_2+\overline d}{2}$	**0.5664**	0.2545	0.2545	-3.2263	/	-4.1063

表 2.3.2　$V_\beta(0,X_0)$ 的局部最大值和全局最大值 (令 $\lambda=1$, $\theta=0.25$, $\eta=0.2$, $\mu=0.12$, $r=0.1$, $\sigma=1$, $T=100$, $X_0=50$. 于是, 在此表给出的各个分布下均有 $d_1>d_2$)

		$\max_{\beta\leqslant\beta_0} V_\beta$		$\max_{\beta_0<\beta<\beta_1} V_\beta$		$\max_{\beta_1\leqslant\beta<\beta_2} V_\beta$	$\max_{\beta\geqslant\beta_2} V_\beta$
		V_{β^*}	V_{β_0}	$V_{\hat\beta^*}$	V_{β_1}	$V_{\overline\beta^*}$	V_{β_2}
U(0,1) ($\times 10^9$)	$d=\dfrac{d_0+d_2}{2}$	/	-0.9978	-0.9212	-1.8896	**0.0020**	-0.2225
	$d=d_3-100$	/	0.8971	**0.9296**	-0.8106	0.0080	-0.8842
	$d=\dfrac{d_1+d_2}{2}$	**7.4450**	2.3088	2.3166	-0.1859	0.0173	-1.9383
	$d=\dfrac{d_1+\overline d}{2}$	**49.763**	3.8965	3.8965	-0.1519	/	-5.2191
Exp(1) ($\times 10^{10}$)	$d=\dfrac{d_0+d_2}{2}$	/	-0.5612	-0.5220	-1.9780	**0.0042**	-0.0960
	$d=d_3-100$	/	0.5807	**0.6015**	-1.1763	0.0169	-0.3828
	$d=\dfrac{d_1+d_2}{2}$	**9.3795**	2.1070	2.1098	-0.2391	0.0587	-1.3311
	$d=\dfrac{d_1+\overline d}{2}$	**51.957**	3.3527	3.3527	0.0744	/	-4.0010

2.3 有效策略与有效边界

续表

		$\max\limits_{\beta\leqslant\beta_0} V_\beta$	$\max\limits_{\beta_0<\beta<\beta_1} V_\beta$		$\max\limits_{\beta_1\leqslant\beta<\beta_2} V_\beta$	$\max\limits_{\beta\geqslant\beta_2} V_\beta$
		V_{β^*}	V_{β_0}	$V_{\hat\beta^*}$	V_{β_1}	$V_{\overline\beta^*}$	V_{β_2}
$\Gamma(2,1)$ ($\times 10^{10}$)	$d=\dfrac{d_0+d_2}{2}$	/	−1.7584	−1.6274	−4.0605	**0.0055**	−4.0605
	$d=d_3-100$	/	1.6593	**1.7189**	−1.9674	0.0219	−1.4494
	$d=\dfrac{d_1+d_2}{2}$	**17.205**	4.7277	4.7395	−0.4418	0.0548	−3.6266
	$d=\dfrac{d_1+\overline d}{2}$	**106.69**	7.7884	7.7884	−0.1778	/	−10.075
Erlang(3,0.5) ($\times 10^{11}$)	$d=\dfrac{d_0+d_2}{2}$	/	−1.2426	−1.2423	−1.6745	**0.0011**	−0.3123
	$d=d_3-100$	/	1.0630	**1.1002**	−0.5359	0.0043	−1.2483
	$d=\dfrac{d_1+d_2}{2}$	**5.6680**	2.2385	2.2512	−0.1273	0.0077	−2.2031
	$d=\dfrac{d_1+\overline d}{2}$	**44.398**	3.9729	3.9727	−0.2576	/	−5.6482
Pareto(3,1) ($\times 10^{10}$)	$d=\dfrac{d_0+d_2}{2}$	/	−0.2622	−0.2459	−1.9025	**0.0075**	−0.0297
	$d=d_3-100$	/	0.3471	**0.3584**	−1.3874	0.0297	−0.1179
	$d=\dfrac{d_1+d_2}{2}$	**9.0697**	1.8675	1.8690	−0.1602	0.1934	−0.7671
	$d=\dfrac{d_1+\overline d}{2}$	**51.540**	3.1176	3.1176	0.6238	/	−2.9664
$N(1,2^2)$ ($\times 10^{11}$)	$d=\dfrac{d_0+d_2}{2}$	/	−0.1294	−0.1215	−1.1009	**0.0050**	−0.0131
	$d=d_3-100$	/	0.1890	**0.1948**	−0.8222	0.0198	−0.0522
	$d=\dfrac{d_1+d_2}{2}$	**4.9701**	1.0826	1.0836	−0.0647	0.1456	−0.3834
	$d=\dfrac{d_1+\overline d}{2}$	**30.540**	1.9036	1.9036	0.5233	/	−1.6600
LN(1,1) ($\times 10^{11}$)	$d=\dfrac{d_0+d_2}{2}$	/	−1.4785	−1.3810	−7.5183	**0.0223**	−0.2086
	$d=d_3-100$	/	1.7070	**1.7662**	−5.0451	0.0890	−0.8339
	$d=\dfrac{d_1+d_2}{2}$	**37.143**	7.5727	7.5794	−0.8606	0.4226	−3.9611
	$d=\dfrac{d_1+\overline d}{2}$	**198.97**	12.037	12.037	1.0593	/	−13.110

续表

		$\max_{\beta\leqslant\beta_0} V_\beta$	$\max_{\beta_0<\beta<\beta_1} V_\beta$			$\max_{\beta_1\leqslant\beta<\beta_2} V_\beta$	$\max_{\beta\geqslant\beta_2} V_\beta$
		V_{β^*}	V_{β_0}	$V_{\hat\beta^*}$	V_{β_1}	$V_{\bar\beta^*}$	V_{β_2}
NB(1,0.6) ($\times 10^{10}$)	$d=\dfrac{d_0+d_2}{2}$	/	-1.6279	-1.5202	-8.1096	**0.0236**	-0.2324
	$d=d_3-100$	/	1.8624	**1.9273**	-5.4140	0.0942	-0.9276
	$d=\dfrac{d_1+d_2}{2}$	**40.041**	8.1885	8.1958	-0.9357	0.4402	-4.3335
	$d=\dfrac{d_1+\bar d}{2}$	**214.47**	13.003	13.003	1.0824	/	-14.249

在两个表格中, 方差与期望终端财富始终负相关. 这是由于低风险投资在保证稳定性的同时, 一般也会带来低于高风险投资的长期收益. 考虑到表 2.3.2 中选取的期望终端财富 d 比表 2.3.1 大很多, 表 2.3.2 中所得到的方差也更大, 这与高收益伴随着高风险的原理相符.

2.4 数值实例以及与无限制再保险模型的对比

本节将从上节的两个表格中各选一个数值实例, 以刻画本章所推导的结果. 进而, 将所得结果与不对比例再保险添加限制时 (即 $q\geqslant 0$) 的结果进行比较.

2.4.1 数值计算

例 2.4.1 假设索赔额服从参数为 1 的指数分布. 于是, 有 $m_1=1$, $m_2=2$. 假设 $\lambda=10$, $\theta=0.3$, $\eta=0.2$, $\mu=0.06$, $r=0.04$, $\sigma=1$, $T=100$, $X_0=50$.

计算可得 $d_1<d_2$. 对于一个给定的期望盈余水平 d, 计算 $V_\beta(0,X_0)$, 并且确定其全局最大值和全局最大值点. 这样, 可以得到 $\mathrm{Var}X_T^*$, 进而得到有效策略和有效边界. 当 d 分别在 $[d_0,d_1]$, (d_1,d_2), $[d_2,\bar d)$ 和 $[\bar d,\infty)$ 四个区间内取值时, $V_\beta(0,X_0)$ 的图像由图 2.4.1 (a) — (d) 描绘. 若将

$V_\beta(0, X_0)$ 看作关于变量 d 和 β 的二元函数, 图 2.4.2 给出了 $V_\beta(0, X_0)$ 的三维图像.

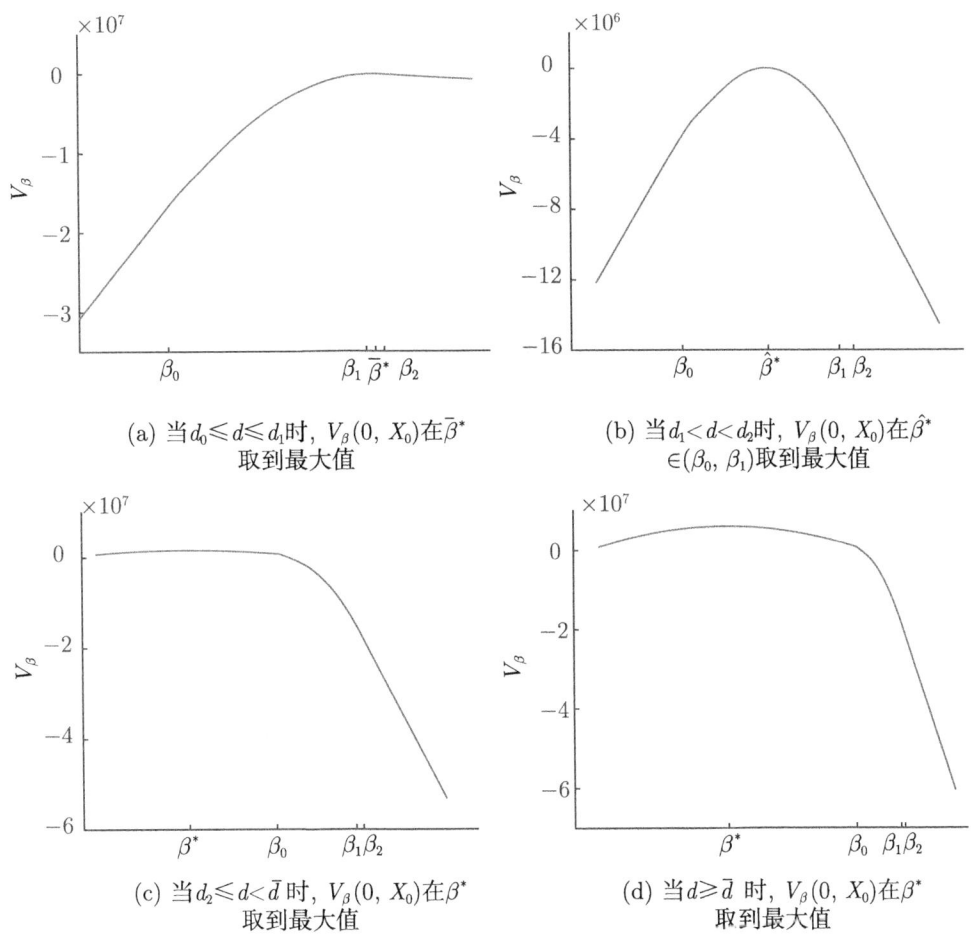

图 2.4.1 例 2.4.1 中 $V_\beta(0, X_0)$ 的值

图 2.4.1 表明, 在本例的参数设定下, $V_\beta(0, X_0)$ 是关于 β 的一个凹函数. V_β 单调递增到其最大值点 (当 $d_0 \leqslant d \leqslant d_1$ 时为 $\overline{\beta}^*$, 当 $d_1 < d < d_2$ 时为 $\hat{\beta}^*$, 当 $d \geqslant d_2$ 时为 β^*), 然后开始减小. 当 d 接近公司在 T 时刻的无风险盈余 d_0 时, 有效策略下的方差接近于 0. 由方差度量的风险随着 d 的增大逐渐增大, 这表明公司在追求更高收益的同时也面临着更大

的风险.

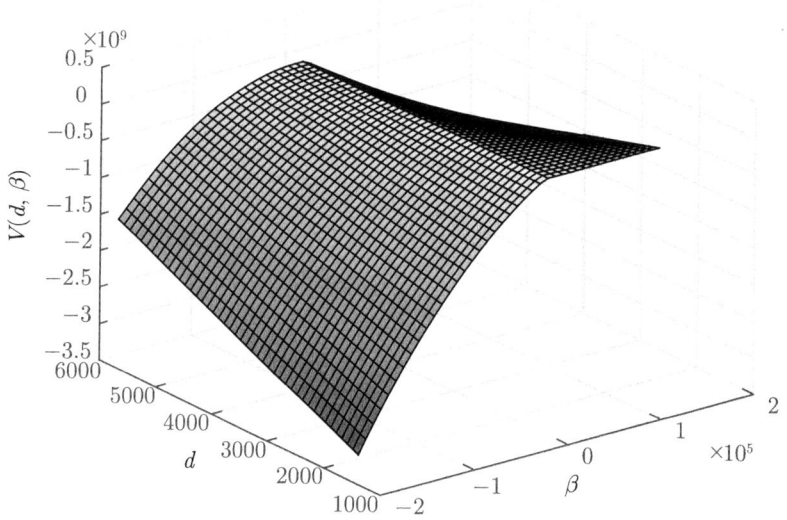

图 2.4.2 例 2.4.1 中, $V_\beta(0, X_0)$ 的值随 d 和 β 的变化

例 2.4.2 假设索赔额独立同分布且服从 Erlang(3, 0.5) 分布, 则有 $m_1 = 6$, $m_2 = 40$. 假设 $\lambda = 1$, $\theta = 0.25$, $\eta = 0.2$, $\mu = 0.12$, $r = 0.1$, $\sigma = 1$, $T = 100$, $X_0 = 50$. 于是, 有 $d_1 > d_2$.

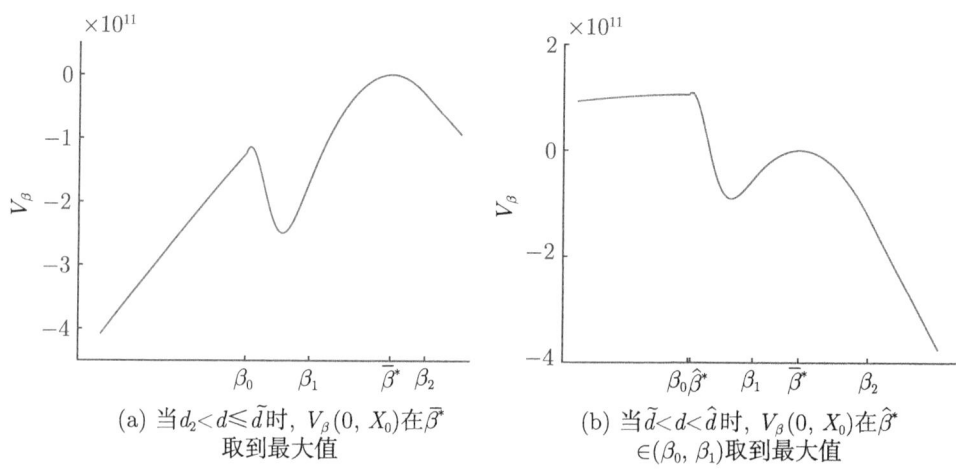

(a) 当 $d_2 < d \leqslant \tilde{d}$ 时, $V_\beta(0, X_0)$ 在 $\bar{\beta}^*$ 取到最大值

(b) 当 $\tilde{d} < d < \hat{d}$ 时, $V_\beta(0, X_0)$ 在 $\hat{\beta}^* \in (\beta_0, \beta_1)$ 取到最大值

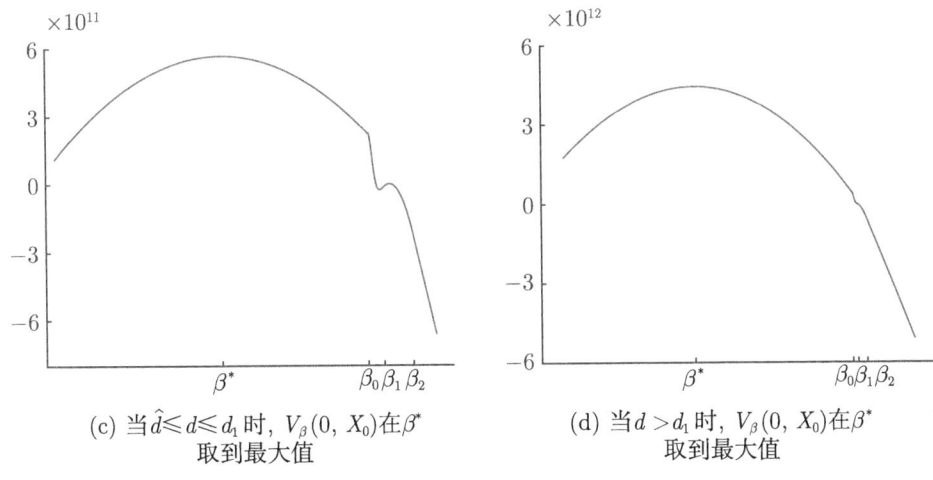

(c) 当 $\hat{d} \leqslant d \leqslant d_1$ 时, $V_\beta(0, X_0)$ 在 β^* 取到最大值

(d) 当 $d > d_1$ 时, $V_\beta(0, X_0)$ 在 β^* 取到最大值

图 2.4.3 $V_\beta(0, X_0)$ 的值

图 2.4.3 (a) — (d) 给出了 $V_\beta(0, X_0)$ 在不同的预设期望终端财富 d 下的图像. 若将 $V_\beta(0, X_0)$ 看作 d 和 β 两个变量的二元函数, 其三维图像由图 2.4.4 描绘.

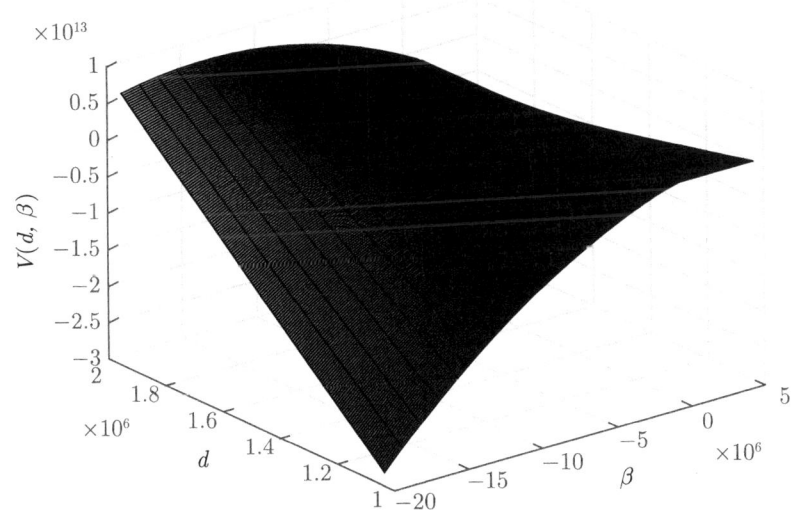

图 2.4.4 例 2.4.2 中, $V_\beta(0, X_0)$ 的值随着 d 和 β 的变化

在本例中, 当 $\beta \in (\beta_0, \beta_1)$ 时, $V_\beta(0, X_0)$ 将首先随着 β 的增大逐渐递

增至其局部最大值, 然后单调递减至其局部最小值, 进而开始反弹. 因此, 函数 $V_\beta(0, X_0)$ 至少比例 2.4.1 中多一个拐点. 当 $d_0 \leqslant d < d_2$ 时, β^* 不存在. 当 $\beta \in (-\infty, \beta_0]$ 时, $V_\beta(0, X_0)$ 在到达局部最大值点 $\hat{\beta}^*$ 前逐渐递增, 而后递减至其局部最小值, 进而从局部最小值点开始反弹. 自达到局部最大值点 $\overline{\beta}^*$, $V_\beta(0, X_0)$ 开始减小. 因此, 全局最大值为 $V_{\overline{\beta}^*}(0, X_0)$ 或者 $V_{\hat{\beta}^*}(0, X_0)$; 并且, 最大值点取决于 $d \leqslant \tilde{d}$ 抑或 $d > \tilde{d}$ (对应于图 2.4.3 (a) 和 (b)). 当 $d > d_2$ 时, 始终有 $V_{\hat{\beta}^*}(0, X_0) > \max\limits_{\beta \geqslant \beta_1} V_\beta(0, X_0)$. 因此, 全局最大值为 $V_{\overline{\beta}^*}(0, X_0)$ 或者 $V_{\beta^*}(0, X_0)$, 且最大值点取决于 $d_2 < d < \hat{d}$ 抑或 $d \geqslant \hat{d}$. 由图 2.4.3 (a) — (d) 可见, 期望终端财富和方差具有负相关性, 这与在例 2.4.1 中得到的结论一致.

2.4.2 无限制比例再保险模型下的结果

如果模型对比例再保险下的自留风险比例没有限制, 即假设 $q \geqslant 0$, 则这与 Bai 和 Zhang (2008) 研究的扩散模型在 $\rho_S = 0$ 的情形相同. 为说明约束条件 $q \leqslant 1$ 的影响, 首先给出 Bai 和 Zhang (2008) 得到的相关结论.

命题 2.4.1 若再保险自留风险比例 $q(t)$ 在 $[0, +\infty)$ 取值, 值函数和对应的最优反馈策略如下:

$$v(t,x) = \begin{cases} e^{-2r(t-T)} \left[x - g_1(t)e^{r(t-T)}\right]^2, & (t,x) \in \mathcal{A}_1, \\ e^{(A(1)-2r)(t-T)} \left[x - g_1(t)e^{r(t-T)}\right]^2, & 其他. \end{cases}$$

$$(\pi_t^*(x), q_t^*(x)) = \begin{cases} (0, 0), & (t,x) \in \mathcal{A}_1, \\ \left(-\dfrac{\mu - r}{\sigma^2}\left[x - g_1(t)e^{r(t-T)}\right], -\dfrac{m_1\theta}{m_2}\left[x - g_1(t)e^{r(t-T)}\right]\right), \\ & 其他. \end{cases}$$

命题 2.4.2 在定理 2.3.1 的条件下, 对于任意的期望财富 $d \geqslant$

2.4 数值实例以及与无限制再保险模型的对比

$X_0 e^{rT} + \dfrac{\lambda m_1(\theta - \eta)}{r}(1 - e^{rT})$, 有效边界为 (2.24), 并且有效策略为

$$(\pi_t^*, q_t^*) = \begin{cases} (0,0), & \overline{\kappa}_1^* \geqslant 0, \\ \left(-\dfrac{\mu - r}{\sigma^2}\overline{\kappa}_1^*, -\dfrac{m_1\theta}{m_2}\overline{\kappa}_1^*\right), & \overline{\kappa}_1^* < 0, \end{cases}$$

其中

$$\overline{\kappa}_1^* = X_t^* - \overline{g}_1(t) e^{r(t-T)},$$

$$\overline{g}_1(t) = d - \overline{\beta}^* - \dfrac{\lambda m_1(\theta - \eta)}{r}(1 - e^{-r(t-T)}),$$

$$\overline{\beta}^* = \dfrac{d - X_0 e^{rT} - \dfrac{\lambda m_1(\theta - \eta)}{r}(1 - e^{rT})}{1 - e^{A(1)T}}.$$

注解 2.4.1 我们在严格比例再保险约束下推导得到的值函数和最优策略的表达式与以上两个结论中的形式类似, 只是表达式更为复杂. 但是, 由图 2.4.5 可见, 再保险自留风险比例 $q \leqslant 1$ 的限制条件将对有效边界产生很大影响.

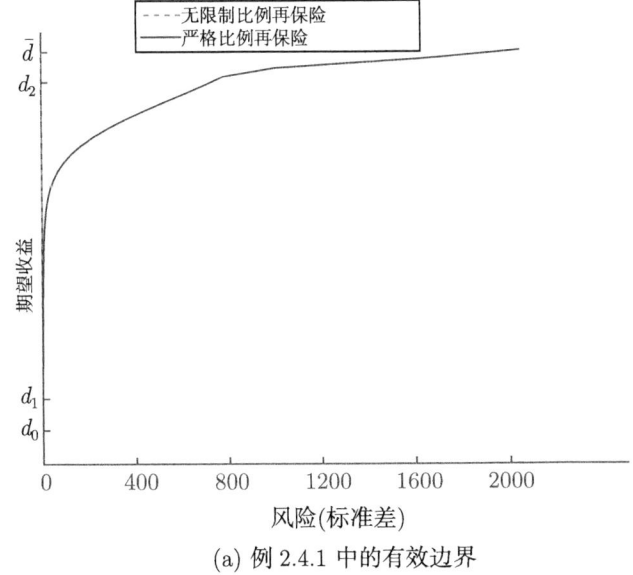

(a) 例 2.4.1 中的有效边界

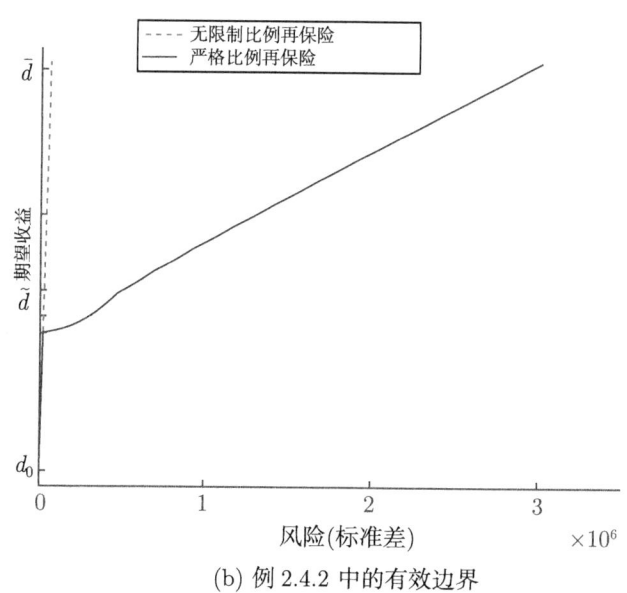

(b) 例 2.4.2 中的有效边界

图 2.4.5 严格比例再保险下的有效边界与无限制模型的对比 (彩图见封底二维码)

2.4.3 再保险限制条件的影响

图 2.4.5 (a) 描绘了在例 2.4.1 的参数设定下, 严格比例再保险和无限制比例再保险两个模型下的有效边界. 由此图可以看出, 无限制比例再保险下的有效边界 (虚线) 关于 $d\,(d \geqslant d_0)$ 是一个线性函数. 实际上, 即便对于较高的期望终端财富, 最优策略下的标准差依然接近于 0. 比如, 当 $d = \bar{d}$ 时, 标准差为 7×10^{-7}. 然而, 对应的最优比例再保险策略为 $q^* = 12.04$, 也就是说保险公司事实上是作为一个再保险人, 并且需要将其业务扩张至现有的 12 倍之多. 由于这种扩张难以实现, 因此, 此时的最优方差并不现实.

如果我们考虑严格比例再保险, 即 $q \in [0,1]$, 有效边界 (即实线) 在 $d \in [d_0, d_1]$ 时仍为线性; 而当 $d \in (d_1, d_2)$ 或者 $d \in [d_2, +\infty)$ 时, 有效边界则为双曲线的一部分, 并且分别对应着两个不同的双曲线. 至于有效策略, 随着 d 从 d_0 增大到 d_1, 最优自留索赔风险的比例由 0 逐渐增大到 1, 最优风险投资额则是逐渐增大到 $\frac{m_2(\mu-r)}{m_1\theta\sigma^2}$. 由此可见, 保险和投资都有望给公司带来更高的收益, 但同时也带来了更高的风险. 如果期望终端财富 d 继续增大, 为能实现较高的收益, 公司需要始终保留所有的索赔风险. 同时, 在公司在终端时刻 T 期望的财富不超过 d_2 时, 投放在风险资产中的资金额将维持在 $\frac{m_2(\mu-r)}{m_1\theta\sigma^2}$. 因此, 可将 $[d_1,d_2]$ 看作一个不动区间, 在此区间内, 保险公司无须调整其投资和风险管理策略, 额外的索赔风险和收益对于公司是无差异的. 如果公司希望获得更高的收益, 则需要进一步调整其投资策略, 将更多的资产投放在风险投资中, 同时, 公司也将面临更大的不确定性.

例 2.4.2 中的有效边界由图 2.4.5 (b) 给出. 虚线为无限制比例再保险模型下的有效边界. 尽管期望盈余 d 对应的最小方差没有例 2.4.1 中的那么理想, 但该方差仍然明显低于严格比例再保险的情形. 严格比例再保险模型下的有效边界由实线刻画. 当 $d \in [d_0,\tilde{d}]$ 时, 有效边界线性增长; 当 $d \in (\tilde{d},\hat{d})$ 或者 $d \in [\hat{d},+\infty)$ 时, 有效边界是双曲线的一部分. 对于有效策略, 随着 d 从 d_0 开始增大, 公司的自留索赔风险比例逐渐由 0 增大到 1, 然后一直保留所有风险. 当 $d < \tilde{d}$ 时, 风险资产投资额随着期望盈余的增长而增大; 当期望盈余落在不动区间 $(\tilde{d},\hat{d})$ 时, 风险资产投资额保持在 $\frac{m_2(\mu-r)}{m_1\theta\sigma^2}$. 而后, 若公司想得到更高的期望盈余, 则需要进一步提高风险资产投资的额度, 同时也会面临更高的风险.

2.5 小　　结

本章在严格比例再保险和无卖空投资限制下均值—方差模型中推导了 HJB 方程的黏性解. 当 $d \geqslant \bar{d}$ 时, 我们得到了有效策略和有效边界的显式表达式. 当 $d_0 \leqslant d < \bar{d}$ 时, 由于 HJB 方程的解不再是二次函数的形式, 并且 $V_\beta(0, X_0)$ 涉及太多参数导致其表达式过于复杂, 我们难以比较 V_β 局部最大值的大小, 所以不能通过解析的方法得到全局最大值的表达式. 但是, 我们借助数学软件得到了有效边界的数值解. 然而, 严格的证明仍然有待研究.

在实际中, 为了减小风险并提高收益, 保险公司会将其盈余投资在不同的风险资产中, 这又将带来一个新的优化问题. 假设所有风险资产的价格过程均符合几何布朗运动, 我们可以通过本章的方法逐步推导对应的 HJB 方程的黏性解. 然而, 有效策略和有效边界的显式表达式难以推导. 这是由于我们仅能确定最优策略中的最优投资策略的显式表达式; 没有最优再保险策略的显式表达式, 我们难以推导出 $V_\beta(0, X_0)$ 的最大值和有效边界.

第3章 动态风险价值限制下的最优再保险

为适应第二代偿付能力监管体制对保险公司提出的"保险公司在任意时刻均需持有与自身风险相对应的准备金"的要求,本章将传统的风险价值、条件风险价值以及最差情况条件风险价值分别推广为相应的动态风险度量. 进而为保险公司和监管部门用来衡量或控制保险公司的实时风险,并相应的设定准备金提供工具.

假设保险公司的盈余过程为扩散过程, 我们通过所定义的动态风险度量设立保险公司的准备金限制条件, 即公司在任意时刻所持有的准备金不低于实时风险度量的一个固定常数倍. 在此约束条件下, 我们以最小化保险公司破产概率, 或者说最大化生存概率为目标函数, 分别研究保险公司的最优比例再保险和最优超额损失再保险.

本章的内容安排如下: 3.1 节给出了概括的最优再保险问题的数学建模. 然后, 3.2 节给出动态风险价值/条件风险价值/最差情况条件风险价值的定义, 并通过这些动态风险度量引入准备金限制条件, 进而在限制条件下研究最大化保险公司生存概率的比例再保险策略以及相应的最大生存概率. 3.3 节研究最优超额损失再保险策略以及相应的最大生存概率. 3.4 节通过几个数值例子阐释所得到的显式解. 最后, 3.5 节给出一些总结性注解.

3.1 数学模型

令 $(\Omega, \mathcal{F}, \mathbb{P})$ 表示滤波 $\{\mathcal{F}_t\}_{t \geqslant 0}$ 上的一个概率空间. 由 Cramér-Lundberg 模型出发, 即一个保险公司的盈余过程为

$$U(t) = u + ct - \sum_{i=1}^{N(t)} X_i,$$

这里, u 为保险公司的初始盈余, 索赔到达过程 $\{N(t): t > 0\}$ 是一个参数为常数 $\lambda > 0$ 的泊松过程, 第 i 次索赔额 $\{X_i\}_{i=1}^{\infty}$ 为一列独立同分布的随机变量, 并且索赔额与 $N(t)$ 独立. 令 T_i 表示第 i 次索赔发生的时间, $G(x)$ 表示索赔额的分布, 且其一阶矩和二阶矩分别为 m_1 和 m_2. 假设保费率 c 由期望保费原理确定, 即

$$c = (1+\eta)\lambda m_1,$$

其中, $\eta > 0$ 为保险人的相对安全负荷系数.

出于风险管理的需求, 保险公司可以选择购买一个再保险合同 $f(X)$. 在此合同下, 每当保险公司支付给投保人额度为 X 的索赔时, 保险公司将收到再保险公司给予的 $f(X)$ 的补偿. 假设再保险保费由期望保费原理计算, 并且再保险公司的负荷系数为 θ ($\theta \geqslant \eta$), 此时, 保险公司支付的再保险保费为 $(1+\theta)\lambda(m_1 - \mathbb{E}[f(X)])t$. 于是, 保险公司在再保险合 f 下的盈余过程服从

$$U^f(t) = u + [(1+\theta)\lambda\mathbb{E}[f(X)] - (\theta - \eta)\lambda m_1]t - \sum_{i=1}^{N(t)} f(X_i).$$

而且, 它的扩散近似过程为

$$dU^f(t) = \lambda\left[\theta\mathbb{E}[f(X)] - (\theta - \eta)m_1\right]dt - \sqrt{\lambda\mathbb{E}[f^2(X)]}dW(t).$$

一个再保险策略 f 是可行控制, 如果 f 满足:

(1) $f: \mathbb{R}_+ \to \mathbb{R}_+$ 是一个非减函数;

(2) 对任意 $x \geqslant 0$, 都有 $f(x) \leqslant x$.

将所有可行控制的集合记作 Π.

定义停时

$$\tau^f = \inf\{t > 0 : U^f(t) < 0\},$$

其中, 上标 f 表示盈余过程和破产事件均受可行策略 f 控制.

考虑最小化保险公司的破产概率, 或者说最大化生存概率这一优化目标. 把可行策略 f 的表现指标定义为保险公司在 f 下的生存概率, 即

$$J(u, f) = \mathbb{P}(\tau^f = +\infty),$$

这里, $u \geqslant 0$ 为保险公司的初始盈余. 我们的目标是找到值函数

$$v(u) = \max_{f \in \Pi} J(u, f)$$

和使得

$$v(u) = J(u, f^*)$$

的最优策略 f^*.

下面两节将分别在比例再保险和超额损失再保险两种形式下分析保险公司的最优再保险策略.

3.2 动态风险价值下的比例再保险

在比例再保险策略 $q(t)$ 下, 保险公司给予投保人赔付后, 将会得到再保险公司支付的 $1 - q(t)$ 倍的索赔额的赔付. 于是, 对于第 i 次索赔 X_i, 保险公司面临的净索赔为 $f(X_i) = q(T_i)X_i$, 这里, $q(t)$ 满足 $\mathcal{F}_t$-可测, 且对所有的 t, 我们要求 $0 \leqslant q(t) \leqslant 1$; T_i 为第 i 次索赔发生的时间. 这样, 保险公司在比例再保险下的索赔过程的扩散近似为

$$\begin{cases} dC^q(t) = q(t)\lambda m_1 dt + q(t)\sqrt{\lambda m_2}dW(t), \\ C^q(0) = 0, \end{cases} \quad (3.1)$$

其中, $W(t)$ 是一个标准布朗运动. 保险公司的盈余过程满足的随机微分方程为

$$\begin{cases} dU^q(t) = [\theta q(t) - (\theta - \eta)]\lambda m_1 dt - q(t)\sqrt{\lambda m_2}dW(t), \\ U^q(0) = u. \end{cases}$$

3.2.1 动态风险价值/条件风险价值/最差情况条件风险价值

Yiu (2004) 在研究投资组合的选取问题时提出了动态风险价值这一概念, 并给出了其数学定义. Cuoco 等 (2008) 在投资组合问题中研究了动态条件风险价值这一限制条件. 借鉴这些文献的思想, 我们对保险公司引入动态风险价值和动态条件风险价值的限制条件. 为得到动态风险价值/条件风险价值的表达式, 动态过程 (3.1) 表示为

$$\begin{aligned} C^q(t+h) - C^q(t) &= \int_t^{t+h} q(s)\lambda m_1 ds + \int_t^{t+h} q(s)\sqrt{\lambda m_2}dW(s) \\ &\doteq \lambda m_1 h q(t) + q(t)\sqrt{\lambda m_2}\int_t^{t+h} dW(s), \end{aligned}$$

其中, $h > 0$ 是一个足够小的时间间隔; 对于时间段 $[t, t+h)$ 内的时刻 s, 用 $q(t)$ 来近似 $q(s)$, 即对任意的 $s \in [t, t+h)$, $q(s) \doteq q(t)$. 考虑到保险公司调整再保险策略的时间只能是离散的, 并且决策在一个时间段的开始时刻已经确定, 因此对再保险策略的这一近似是合理的.

给定一个置信度 $1 - \alpha \in (0, 1)$ 和时间长度 $h > 0$, 令 $\text{VaR}_t^{\alpha, h}$ 表示 t 时刻保险公司在比例再保险下的风险价值, 并将其定义为

$$\text{VaR}_t^{\alpha, h} \triangleq \inf\left\{L : \mathbb{P}(C^q(t+h) - C^q(t) \geqslant L \mid \mathcal{F}_t) < \alpha\right\}.$$

定义 t 时刻保险公司在比例再保险下的动态条件风险价值 $\text{CVaR}_t^{\alpha, h}$ 为

$$\text{CVaR}_t^{\alpha, h} \triangleq \mathbb{E}\left[C^q(t+h) - C^q(t) \mid C^q(t+h) - C^q(t) \geqslant \text{VaR}_t^{\alpha, h}\right].$$

在分布信息不完备时, 可以通过最差情况风险价值、最差情况条件风险价值等风险度量进行分析决策. 最差情况条件风险价值的定义和性质可以参考文献 (Zhu and Fukushima, 2009; Natarajan et al., 2009;

Čerbaková, 2005). 对于保险公司, 如果只能得到索赔过程的一阶矩和二阶矩 $\left(\mathbb{E}[C^q(t)] = \lambda m_1 \int_0^t q(s)ds, \mathbb{E}[(C^q(t))^2] = \lambda m_2 \int_0^t q^2(s)ds + \left(\lambda m_1 \int_0^t q(s)ds\right)^2\right)$, 则可以分析保险公司的最差情况条件风险值 (wcCVaR), 这样就不必借助 (3.1) 来近似保险公司的索赔过程. 因此, 引入动态最差情况条件风险价值的定义. 首先令 $\mathcal{P}_1$ 为所有可能的概率分布的集合, 即

$$\mathcal{P}_1 = \big\{p(\cdot) : \mathbb{E}_p[C^q(t+h) - C^q(t)] = \lambda m_1 hq(t),$$
$$\mathbb{E}_p[(C^q(t+h) - C^q(t))^2] = \lambda m_2 hq(t)^2 + (\lambda m_1 hq(t))^2\big\},$$

并且定义动态最差情况条件风险价值为

$$\text{wcCVaR}_t^{\alpha,h} \triangleq \sup_{p(\cdot)\in\mathcal{P}_1} \inf_{a\in\mathbb{R}} \left\{a + \frac{1}{\alpha}\mathbb{E}_p[(C^q(t+h) - C^q(t) - a)_+]\right\}, \quad (3.2)$$

这里 $(x)_+ \triangleq \max\{0, x\}$; 下标 p 表示概率分布 $p(\cdot)$ 下的数学期望.

命题 3.2.1 在比例再保险 $q(t)$ 下, 保险公司的动态风险价值和动态条件风险价值分别为

$$\text{VaR}_t^{\alpha,h} = \lambda m_1 hq(t) - \Phi^{-1}(\alpha)\sqrt{\lambda m_2 hq(t)}$$

和

$$\text{CVaR}_t^{\alpha,h} = \lambda m_1 hq(t) + \frac{\phi(\Phi^{-1}(\alpha))}{\alpha}\sqrt{\lambda m_2 hq(t)},$$

其中, $\phi(x)$ 和 $\Phi(x)$ 分别为标准正态分布的概率密度函数和概率分布函数, $\Phi^{-1}(x)$ 为 $\Phi(x)$ 的反函数. 保险公司的动态最差情况条件风险价值为

$$\text{wcCVaR}_t^{\alpha,h} = \lambda m_1 hq(t) + \sqrt{\frac{1-\alpha}{\alpha}}\sqrt{\lambda m_2 hq(t)}.$$

特别地,

$$0 \leqslant \text{VaR}_t^{\alpha,h} \leqslant \text{CVaR}_t^{\alpha,h} \leqslant \text{wcCVaR}_t^{\alpha,h} < U^q(t).$$

证明 通过索赔过程的近似可得

$$\mathbb{P}(C^q(t+h) - C^q(t) \geqslant L \mid \mathcal{F}_t)$$
$$= \mathbb{P}\left(\lambda m_1 h q(t) + q(t)\sqrt{\lambda m_2} \int_t^{t+h} dW(s) \geqslant L \,\bigg|\, \mathcal{F}_t\right)$$
$$= \mathbb{P}\left(\frac{1}{\sqrt{h}} \int_t^{t+h} dW(s) \geqslant \frac{L - \lambda m_1 h q(t)}{q(t)\sqrt{\lambda m_2 h}} \,\bigg|\, \mathcal{F}_t\right) = 1 - \Phi\left(\frac{L - \lambda m_1 h q(t)}{q(t)\sqrt{\lambda m_2 h}}\right),$$

这里最后一个等式是由于在滤波 $\mathcal{F}_t$ 条件下，$\frac{1}{\sqrt{h}} \int_t^{t+h} dW(s)$ 是一个标准正态随机变量. 因此, $\mathbb{P}(C^q(t+h) - C^q(t) \geqslant L \mid \mathcal{F}_t) < \alpha$ 等价于 $1 - \Phi\left(\frac{L - \lambda m_1 h q(t)}{q(t)\sqrt{\lambda m_2 h}}\right) < \alpha$, 于是有 $L \leqslant \lambda m_1 h q(t) - \Phi^{-1}(\alpha)\sqrt{\lambda m_2 h} q(t)$. 这样得到动态风险价值

$$\text{VaR}_t^{\alpha,h} = \lambda m_1 h q(t) - \Phi^{-1}(\alpha)\sqrt{\lambda m_2 h} q(t).$$

进而, 动态条件风险价值为

$$\text{CVaR}_t^{\alpha,h} = \lambda m_1 h q(t) + \sqrt{\lambda m_2 h} q(t)$$
$$\times \mathbb{E}\left[\frac{1}{\sqrt{h}} \int_t^{t+h} dW(s) \,\bigg|\, \frac{1}{\sqrt{h}} \int_t^{t+h} dW(s) \geqslant -\Phi^{-1}(\alpha)\right]$$
$$= \lambda m_1 h q(t) + \sqrt{\lambda m_2 h} q(t) \frac{1}{\alpha} \int_{-\Phi^{-1}(\alpha)}^{+\infty} \frac{1}{\sqrt{2\pi}} x e^{-\frac{x^2}{2}} dx$$
$$= \lambda m_1 h q(t) + \frac{\phi(\Phi^{-1}(\alpha))}{\alpha} \sqrt{\lambda m_2 h} q(t).$$

由于动态最差情况条件风险价值的定义 (3.2) 中的期望有限, 且目标函数满足凸性, 因此可以交换上确界和下确界的顺序. 考虑到

3.2 动态风险价值下的比例再保险

$$\sup_{p(\cdot)\in\mathcal{P}_1} \mathbb{E}_p\left[(C^q(t+h) - C^q(t) - a)_+\right]$$

$$= \frac{\sup\limits_{p(\cdot)\in\mathcal{P}_1} \mathbb{E}_p\left[|C^q(t+h) - C^q(t) - a|\right] + \lambda m_1 hq(t) - a}{2}$$

$$= \frac{\sqrt{\lambda m_2 hq(t)^2 + (\lambda m_1 hq(t) - a)^2} + \lambda m_1 hq(t) - a}{2},$$

得到

$$\text{wcCVaR}_t^{\alpha,h}$$

$$= \inf_{a\in\mathbb{R}}\left\{ a + \frac{1}{\alpha} \sup_{p(\cdot)\in\mathcal{P}} \mathbb{E}_p[(C^q(t+h) - C^q(t) - a)_+] \right\}$$

$$= \inf_{a\in\mathbb{R}}\left\{ a + \frac{1}{2\alpha}\left[\sqrt{\lambda m_2 hq(t)^2 + (\lambda m_1 hq(t) - a)^2} + \lambda m_1 hq(t) - a\right] \right\}$$

$$= \lambda m_1 hq(t) + \sqrt{\frac{1-\alpha}{\alpha}}\sqrt{\lambda m_2 hq(t)},$$

这里，最后一个等式是由于下确界在 $a^* = \lambda m_1 hq(t) + \dfrac{1-2\alpha}{2\sqrt{\alpha(1-\alpha)}} \cdot \sqrt{\lambda m_2 hq(t)}$ 处达到. ∎

注解 3.2.1 由于

$$(\mathbb{E}_p\left[|C^q(t+h) - C^q(t) - a|\right])^2$$

$$\leqslant V_p(|C^q(t+h) - C^q(t) - a|) + (\mathbb{E}_p\left[|C^q(t+h) - C^q(t) - a|\right])^2$$

$$= \mathbb{E}_p\left[|C^q(t+h) - C^q(t) - a|^2\right] = (\lambda m_1 hq(t) - a)^2 + \lambda m_2 hq(t)^2,$$

得到

$$\sup_{p(\cdot)\subset\mathcal{P}_1} \mathbb{E}_p\left[|C^q(t+h) - C^q(t) - a|\right] = \sqrt{\lambda m_2 hq(t)^2 + (\lambda m_1 hq(t) - a)^2}.$$

并且上确界在分布 $p(\cdot)$ 使得 $|C^q(t+h) - C^q(t) - a|$ 为常数, $C^q(t+h) - C^q(t)$ 服从二项分布时达到.

注解 3.2.2 令 $\widetilde{\alpha} = \Phi\left(-\dfrac{\phi(\Phi^{-1}(\alpha))}{\alpha}\right)$, $\hat{\alpha} = \Phi\left(-\sqrt{\dfrac{1-\alpha}{\alpha}}\right)$. 有

$$\text{CVaR}_t^{\alpha,h} = \text{VaR}_t^{\widetilde{\alpha},h}, \quad \text{wcCVaR}_t^{\alpha,h} = \text{VaR}_t^{\hat{\alpha},h}.$$

这说明在动态情形下,可以把条件风险价值或者最差情况条件风险价值限制条件转换成一个等价的风险价值条件,反之亦然. 因此,如果把置信度 α 替换为 $\tilde{\alpha}$ 或者 $\hat{\alpha}$, 则可以分别得到动态条件风险价值和动态最差情况条件风险价值限制下的最优策略和相应的值函数.

3.2.2 HJB 方程

风险价值是给定的置信度下在给定时间段内的最大期望损失. 监管部门广泛地采用风险价值这一风险度量来对金融机构设置持有准备金的要求. 因此, 大量文献在考虑优化问题时采用风险价值来作为限制条件. 但是, 现有文献常把风险价值的上界设置为一个常数, 在这样的假设下, 具有较多盈余的大型保险公司将受到很大限制, 而在公司盈余降低时该条件却不能起到有效作用. 实际中, 发展中的公司一般将其风险价值上限看作一个增长的量. 为了体现这个情况, 并避免风险价值的常数上限的缺点, 我们在本章引入一个更实际的限制, 假设动态风险价值不超过保险公司现有盈余的一个固定比例, 即 $\mathrm{VaR}_t^{\alpha,h} \leqslant kU^q(t),\ 0 < k < \infty$.

通过标准的动态规划技巧,可以得到在动态风险价值限制条件

$$\mathrm{VaR}_t^{\alpha,h} \leqslant kU^q(t)$$

下值函数 $v(u)$ 满足的 HJB 方程为

$$\max_q \left\{ [\theta q - (\theta - \eta)]\lambda m_1 v'(u) + \frac{1}{2}\lambda m_2 q^2 v''(u) \right\} = 0, \quad (3.3)$$

$$\text{s.t.} \begin{cases} q \in [0, 1], \\ \lambda m_1 hq - \Phi^{-1}(\alpha)\sqrt{\lambda m_2 h}q \leqslant ku, \\ v(0) = 0,\ v(+\infty) = 1. \end{cases}$$

定理 3.2.1 (a) 若 $\theta \geqslant 2\eta$, 函数

3.2 动态风险价值下的比例再保险

$$\delta(u)=\begin{cases} \delta\left(\dfrac{A}{k}\right)-\delta\left(\dfrac{A}{k}\right)\dfrac{\int_u^{\frac{A}{k}} w^{-\frac{2\theta m_1}{m_2}\frac{A}{k}} e^{-\frac{2(\theta-\eta)m_1}{m_2}\frac{A^2}{k^2}\frac{1}{w}}dw}{\int_0^{\frac{A}{k}} w^{-\frac{2\theta m_1}{m_2}\frac{A}{k}} e^{-\frac{2(\theta-\eta)m_1}{m_2}\frac{A^2}{k^2}\frac{1}{w}}dw}, & u<\dfrac{A}{k}, \\[2ex] \delta\left(\dfrac{A}{k}\right)+\left[1-\delta\left(\dfrac{A}{k}\right)\right]\left[1-e^{-\frac{2\eta m_1}{m_2}\left(u-\frac{A}{k}\right)}\right], & u\geqslant\dfrac{A}{k}, \end{cases} \quad (3.4)$$

其中

$$A=\lambda m_1 h-\Phi^{-1}(\alpha)\sqrt{\lambda m_2 h}, \quad (3.5)$$

$$\delta\left(\dfrac{A}{k}\right)=\dfrac{\dfrac{2\eta m_1}{m_2}}{\dfrac{2\eta m_1}{m_2}+\dfrac{\left(\dfrac{k}{A}\right)^{\frac{2\theta m_1}{m_2}\frac{A}{k}} e^{-\frac{2(\theta-\eta)m_1}{m_2}\frac{A}{k}}}{\int_0^{\frac{A}{k}} w^{-\frac{2\theta m_1}{m_2}\frac{A}{k}} e^{-\frac{2(\theta-\eta)m_1}{m_2}\frac{A^2}{k^2}\frac{1}{w}}dw}}$$

是 HJB 方程的一个光滑 $(\mathcal{C}^2)$ 解. 并且, HJB 方程的左边在

$$q^*(u)=\begin{cases} \dfrac{ku}{A}, & u<\dfrac{A}{k}, \\[1ex] 1, & u\geqslant\dfrac{A}{k} \end{cases} \quad (3.6)$$

达到最大值.

(b) 若 $\eta<\theta<2\eta$, 函数

$$\delta(u)=\begin{cases} \delta(u_1)-\delta(u_1)\dfrac{\int_u^{u_1} w^{-\frac{2\theta m_1}{m_2}\frac{A}{k}} e^{-\frac{2(\theta-\eta)m_1}{m_2}\frac{A^2}{k^2}\frac{1}{w}}dw}{\int_0^{u_1} w^{-\frac{2\theta m_1}{m_2}\frac{A}{k}} e^{-\frac{2(\theta-\eta)m_1}{m_2}\frac{A^2}{k^2}\frac{1}{w}}dw}, & u<u_1, \\[2ex] \delta(u_1)+[1-\delta(u_1)]\left[1-e^{-\frac{\theta^2 m_1}{2(\theta-\eta)m_2}(u-u_1)}\right], & u\geqslant u_1, \end{cases} \quad (3.7)$$

其中

$$u_1 = \frac{2A}{k}\left(1 - \frac{\eta}{\theta}\right),$$

$$\delta(u_1) = \frac{\dfrac{\theta^2 m_1}{2(\theta-\eta)m_2}}{\dfrac{\theta^2 m_1}{2(\theta-\eta)m_2} + \dfrac{\left(\dfrac{\theta}{2(\theta-\eta)}\dfrac{k}{A}\right)^{\frac{2\theta m_1}{m_2}\frac{A}{k}} e^{-\frac{\theta m_1}{m_2}\frac{A}{k}}}{\displaystyle\int_0^{u_1} w^{-\frac{2\theta m_1}{m_2}\frac{A}{k}} e^{-\frac{2(\theta-\eta)m_1}{m_2}\frac{A^2}{k^2}\frac{1}{w}} dw}}$$

是 HJB 方程的一个光滑解; 并且相应的最大值点为

$$q^*(u) = \begin{cases} \dfrac{ku}{A}, & u < u_1, \\ 2\left(1 - \dfrac{\eta}{\theta}\right), & u \geqslant u_1. \end{cases} \tag{3.8}$$

证明 我们通过解析的方法求解 HJB 方程. 首先, 需要确定最优策略 $q^*(u)$. 如果 HJB 方程的左边在可行集的内点取到最大值, 那么这个最大值点为

$$q^0(u) = -\frac{\theta m_1}{m_2}\frac{\delta'(u)}{\delta''(u)}. \tag{3.9}$$

由于 $\delta(u)$ 是一个取值在 $[0,1]$ 间的增函数, 则必然存在一个非负实数 M, 使得当 $u \geqslant M$ 时, $\delta(u)$ 为凸函数. 否则, $\delta(u)$ 的取值将不会是有界闭区间 $[0,1]$. 于是, $q^0(u)$ 非负. 我们只需比较 $q^0(u)$ 和它的上界 q.

我们从动态风险价值条件得到 $q \leqslant \dfrac{ku}{A}$, 其中, A 的表达式由 (3.5) 给出. 一般地, 取 $0 < \alpha < \dfrac{1}{2}$, 因此, A 恒为正数.

(1) 当 $u \geqslant \dfrac{A}{k}$ 时, 有 $\dfrac{ku}{A} \geqslant 1$. 于是, 通过动态风险价值限制条件得到 $q \leqslant \dfrac{ku}{A}$, 结合保险公司的自留索赔比例 $q(t)$ 需要限制在 $[0,1]$ 区间内, 有 $q \in [0,1]$.

3.2 动态风险价值下的比例再保险

(a) 如果 $q^0(u) \geqslant 1$, 则令 $q^*(u) = 1$. 将 $q^*(u)$ 代入 HJB 方程 (3.3) 得

$$\eta m_1 \delta'(u) + \frac{1}{2} m_2 \delta''(u) = 0, \tag{3.10}$$

即

$$\frac{\delta''(u)}{\delta'(u)} = -\frac{2\eta m_1}{m_2}.$$

将其代入 (3.9), 得到

$$q^0(u) = \frac{\theta}{2\eta}.$$

- 当 $\theta \geqslant 2\eta$ 时, 有 $q^0(u) \geqslant 1$. 因此, $q^* = 1$, 并且 HJB 方程由 (3.10) 给出.
- 当 $\theta < 2\eta$ 时, 有 $q^0(u) < 1$, 这与 $q^0(u) \geqslant 1$ 的条件矛盾.

(b) 如果 $q^0(u) < 1$, 保险公司的最优自留索赔比例可表示为 $q^*(u) = q^0(u)$. 于是, HJB 方程为

$$\frac{\delta''(u)}{\delta'(u)} = -\frac{\theta^2 m_1}{2(\theta - \eta) m_2}, \tag{3.11}$$

代入 (3.9) 得到

$$q^0(u) = \frac{2(\theta - \eta)}{\theta} = 2\left(1 - \frac{\eta}{\theta}\right).$$

- 当 $\theta \geqslant 2\eta$ 时, $q^0(u) \geqslant 1$, 故与假设矛盾.
- 当 $\theta < 2\eta$ 时, 易验证 $q^0(u) < 1$. 于是, 最优自留索赔比例为 $q^* = q^0 = 2\left(1 - \frac{\eta}{\theta}\right)$. 此时的 HJB 方程为 (3.11).

(2) 当 $0 < u < \frac{A}{k}$ 时, $\frac{ku}{A} < 1$. 因此, $0 \leqslant q \leqslant \frac{ku}{A}$.

(a) 如果 $q^0(u) \geqslant \frac{ku}{A}$, 则令 $q^*(u) = \frac{ku}{A}$. 此时, HJB 方程为

$$\left[\frac{k\theta u}{A} - (\theta - \eta)\right] m_1 \delta'(u) + \frac{1}{2} \frac{k^2 u^2}{A^2} m_2 \delta''(u) = 0, \tag{3.12}$$

结合 (3.9) 得到
$$q^0(u) = \frac{k^2 u^2}{2A^2 \left[\dfrac{ku}{A} - \left(1 - \dfrac{\eta}{\theta}\right)\right]}.$$

由于 $\delta(u)$ 是个单调增函数, $\delta'(u)$ 始终为正. 分析 HJB 方程 (3.12) 可知, 当 $u > \dfrac{A}{k}\left(1 - \dfrac{\eta}{\theta}\right)$ 时, $\delta''(u) < 0$, 于是 $q^0(u) > 0$.

若 $\dfrac{A}{k}\left(1 - \dfrac{\eta}{\theta}\right) < u < \dfrac{A}{k}$,

- 当 $\theta \geqslant 2\eta$ 时, $q^0(u) \geqslant \dfrac{ku}{A}$. 于是, $q^*(u) = \dfrac{ku}{A}$, 并且, HJB 方程为 (3.12).

- 当 $\theta < 2\eta$ 时, 有 $q^0(u) < \dfrac{ku}{A}$, 这与假设 $q^0(u) \geqslant \dfrac{ku}{A}$ 矛盾.

如果 $u \leqslant \dfrac{A}{k}\left(1 - \dfrac{\eta}{\theta}\right)$, 则有 $\delta''(u) \geqslant 0$. 因此, 当 u 很小时, $\delta(u)$ 是一个凸函数. 然后分析 HJB 方程 (3.3). 当 $0 < u \leqslant \dfrac{A}{k}\left(1 - \dfrac{\eta}{\theta}\right)$ 时, HJB 方程的左边在 $q^* = \dfrac{ku}{A}$ 处取到最大值, 此时的 HJB 方程为 (3.12).

(b) 如果 $q^0(u) < \dfrac{ku}{A}$, 则保险公司的最优自留索赔比例 $q^*(u) = q^0(u)$. 通过与 $q^0(u) \geqslant \dfrac{ku}{A}$ 相同的方法分析可以得到以下结论:

如果 $0 < u \leqslant \dfrac{2A}{k}\left(1 - \dfrac{\eta}{\theta}\right)$, 则 $\delta''(u) \geqslant 0$. 因此, $\delta(u)$ 为凸函数, 且有 $q^*(u) = \dfrac{ku}{A}$.

如果 $\dfrac{2A}{k}\left(1 - \dfrac{\eta}{\theta}\right) < u < \dfrac{A}{k}$,

- 当 $\theta \geqslant 2\eta$ 时, $q^0(u) \geqslant 1 > \dfrac{ku}{A}$, 存在矛盾.

- 当 $\theta < 2\eta$ 时, $0 < q^0(u) = 2\left(1 - \dfrac{\eta}{\theta}\right) < \dfrac{ku}{A}$. 于是, $q^*(u) = q^0(u) = 2\left(1 - \dfrac{\eta}{\theta}\right)$, 此时 HJB 方程满足 (3.11).

通过以上分析, 可得到以下结果:

- 当 $\theta \geqslant 2\eta$ 时, HJB 方程 (3.3) 左边的最大值点 $q^*(u)$ 的表达式为 (3.6).

3.2 动态风险价值下的比例再保险

- 当 $\theta < 2\eta$ 时, HJB 方程 (3.3) 左边的最大值点 $q^*(u)$ 由 (3.8) 给出.

接下来, 我们在各个情况下分别求解 HJB 方程.

当 $\theta \geqslant 2\eta$ 且 $u < \dfrac{A}{k}$ 时, 对应的 HJB 方程为 (3.12), 此方程等价于

$$\frac{\delta''(u)}{\delta'(u)} = -\frac{2\theta m_1}{m_2}\frac{A}{ku} + \frac{2(\theta-\eta)m_1}{m_2}\frac{A^2}{k^2 u^2}.$$

将方程两边在 u 到 $\dfrac{A}{k}$ 上求积分得到

$$\delta'(u) = \delta'\left(\frac{A}{k}\right)\left(\frac{A}{ku}\right)^{\frac{2\theta m_1}{m_2}\frac{A}{k}} e^{-\frac{2(\theta-\eta)m_1}{m_2}\frac{A^2}{k^2}\left(\frac{1}{u}-\frac{k}{A}\right)}.$$

再次积分得到

$$\delta(u) = \delta\left(\frac{A}{k}\right) - K\int_u^{\frac{A}{k}} w^{-\frac{2\theta m_1}{m_2}\frac{A}{k}} e^{-\frac{2(\theta-\eta)m_1}{m_2}\frac{A^2}{k^2}\frac{1}{w}} dw.$$

结合边界条件 $\delta(0) = 0$ 得

$$K = \frac{\delta\left(\dfrac{A}{k}\right)}{\displaystyle\int_0^{\frac{A}{k}} w^{-\frac{2\theta m_1}{m_2}\frac{A}{k}} e^{-\frac{2(\theta-\eta)m_1}{m_2}\frac{A^2}{k^2}\frac{1}{w}} dw}.$$

当 $\theta \geqslant 2\eta$ 且 $u \geqslant \dfrac{A}{k}$ 时, HJB 方程满足 (3.10). 整理这个方程并积分得到

$$\delta'(u) = \delta'\left(\frac{A}{k}\right) e^{-\frac{2\eta m_1}{m_2}\left(u-\frac{A}{k}\right)}.$$

对该等式再次在 $\dfrac{A}{k}$ 到 u 上积分可得

$$\delta(u) = \delta\left(\frac{A}{k}\right) + \frac{m_2}{2\eta m_1}\delta'\left(\frac{A}{k}\right)\left[1 - e^{-\frac{2\eta m_1}{m_2}\left(u-\frac{A}{k}\right)}\right].$$

又因 $\delta(+\infty) = 1$, 有

$$\delta(u) = \delta\left(\frac{A}{k}\right) + \left[1 - \delta\left(\frac{A}{k}\right)\right]\left[1 - e^{-\frac{2\eta m_1}{m_2}\left(u-\frac{A}{k}\right)}\right].$$

考虑到 $\delta(u)$ 是一个光滑解，$\delta(u)$ 在 $u = \dfrac{A}{k}$ 连续，即 $\delta'\left(\dfrac{A}{k}-\right) = \delta'\left(\dfrac{A}{k}+\right)$ (同时二次连续可导), 即

$$\frac{\delta\left(\dfrac{A}{k}\right)}{\displaystyle\int_0^{\frac{A}{k}} w^{-\frac{2\theta m_1}{m_2}\frac{A}{k}} e^{-\frac{2(\theta-\eta)m_1}{m_2}\frac{A^2}{k^2}\frac{1}{w}} dw} \left(\frac{k}{A}\right)^{\frac{2\theta m_1}{m_2}\frac{A}{k}} e^{-\frac{2(\theta-\eta)m_1}{m_2}\frac{A^2}{k^2}\frac{k}{A}}$$
$$= \frac{2\eta m_1}{m_2}\left[1 - \delta\left(\frac{A}{k}\right)\right],$$

于是得到

$$\delta\left(\frac{A}{k}\right) = \frac{\dfrac{2\eta m_1}{m_2}}{\dfrac{2\eta m_1}{m_2} + \dfrac{\left(\dfrac{k}{A}\right)^{\frac{2\theta m_1}{m_2}\frac{A}{k}} e^{-\frac{2(\theta-\eta)m_1}{m_2}\frac{A}{k}}}{\displaystyle\int_0^{\frac{A}{k}} w^{-\frac{2\theta m_1}{m_2}\frac{A}{k}} e^{-\frac{2(\theta-\eta)m_1}{m_2}\frac{A^2}{k^2}\frac{1}{w}} dw}}.$$

因此, 当 $\theta \geqslant 2\eta$ 时, 定理 3.2.1 中由 (3.4) 给出的函数 $\delta(u)$ 是 HJB 方程的一个光滑解, 并且对应的最大值在 (3.6) 刻画的 $q^*(u)$ 取到.

当 $\theta < 2\eta$ 时, 对于 $u < u_1 = \dfrac{2A}{k}\left(1 - \dfrac{\eta}{\theta}\right)$ 和 $u \geqslant u_1$, HJB 方程分别为 (3.12) 和 (3.11). 通过和上述相同的计算, 我们得到函数 $\delta(u)$ 的显式表达式为 (3.7), 并且 $\delta(u)$ 为 HJB 方程的一个光滑 (C^2) 解. HJB 方程左边的最大值点由 (3.8) 刻画. ∎

当值函数二次连续可导时, 值函数为 HJB 方程的唯一解. 对应的验证定理已在很多文献中证明, 比如文献 (Fleming and Soner, 2006; Yong and Zhou, 1999) 等. 因此, 我们得到以下结论.

命题 3.2.2 值函数 $v(x)$ 与定理 3.2.1 中定义的光滑函数 $\delta(u)$ 相同. 表示最优比例再保险策略的最优反馈控制由定理 3.2.1 中的 $q^*(u)$ 刻画. 其中, $u = U^{q^*}(t)$ 为对应的盈余过程.

推论 3.2.1 如果不存在动态风险价值、动态条件风险价值或者动态最差情况条件风险值,这等价于含限制优化问题中的 $k=+\infty$, 此时的模型等价于无限制条件下的再保险优化问题. 此时, 我们的结论具有以下形式:

- 当 $\theta \geqslant 2\eta$ 时, 为使生存概率最大化, 保险公司的最优比例再保险策略为 $q^*=1$, 即不购买再保险. 此时, 对应的最大生存概率为

$$\delta(u) = 1 - e^{-\frac{2\eta m_1}{m_2}u}.$$

- 当 $\theta < 2\eta$ 时, 保险公司的最优比例再保险策略为 $q^* = 2\left(1-\frac{\eta}{\theta}\right)$, 并且, 对应的最大生存概率为

$$\delta(u) = 1 - e^{-\frac{\theta^2 m_1}{2(\theta-\eta)m_2}u}.$$

注解 3.2.3 如果不采用动态风险价值、动态条件风险价值, 或者动态最差情况条件风险价值来设定准备金需求, 我们的结果 (推论 3.2.1) 与文献 (Schmidli, 2001; Promislow and Young, 2005b) 的结论相同. 因此, 无限制条件下的比例再保险优化问题是我们所研究的模型的一个特例.

当没有限制条件时, 最优生存概率始终是一个凸函数. 然而, 在动态风险值、动态条件风险价值, 或者动态最差情况条件风险价值限制条件下, 凸性仅在初始盈余足够大时成立; 而当初始盈余很小时, 保险公司最大化的生存概率则是一个凹函数.

3.3 动态风险价值下的超额损失再保险

如果 $f(X)$ 表示自留额为 $b(t)$ 的超额损失再保险合约, 即 $f(X_i) = X_i \wedge b(T_i)$, 其中 $b(t) \geqslant 0$ 是保险公司需要在 t 时刻确定的控制变量. 于是, 在 t 时刻之前, 保险公司得到再保险合约偿付后的净总索赔为 $\sum_{i=1}^{N(t)} X_i \wedge b(T_i)$. 这个索赔过程的扩散近似为

$$\begin{cases} dC^b(t) = \lambda\mu(b(t))dt + \sqrt{\lambda}\sigma(b(t))dW(t), \\ C^b(0) = 0, \end{cases} \tag{3.13}$$

其中, $\mu(b) \triangleq \mathbb{E}(X_{,\wedge}b), \sigma^2(b) \triangleq \mathbb{E}(X_{,\wedge}b)^2$. 通过分部积分得到

$$\mu(b) = \int_0^b \overline{G}(x)dx, \quad \sigma^2(b) = \int_0^b 2x\overline{G}(x)dx,$$

其中, G 为索赔的分布函数, $\overline{G}(x) = \mathbb{P}(X_i > x) = 1 - G(x)$. 并且, 保险公司的盈余过程为

$$\begin{cases} dU^b(t) = [(\eta - \theta)\lambda m_1 + \lambda\theta\mu(b(t))]dt - \sqrt{\lambda}\sigma(b(t))dW(t), \\ U^b(0) = u. \end{cases}$$

令

$$N \triangleq \inf\{x \geqslant 0 : \overline{G}(x) = 0\},$$

即 N 为索赔额分布的支撑的上界. 在后续讨论中, 我们的结果将依赖于 N 是否大于 $\dfrac{\theta m_2}{2\eta m_1}$. 明显地, $\mu(\cdot)$ 和 $\sigma^2(\cdot)$ 两个函数均在 $[0, N]$ 上为增函数, 而在 $[N, +\infty)$ 上分别为常数 m_1 和 m_2.

3.3.1 动态风险度量

与比例再保险情形相同, 我们在动态风险价值、动态条件风险价值以及动态最差情况条件风险价值限制条件下考虑超额损失再保险合约. 在任意时刻 t, 假设在未来时长 h 内保险公司的再保险策略保持不变, 也就是说, 对于任意的 $s \in [t, t+h)$, 有 $b(s) \doteq b(t)$. 于是, 保险公司 $[t, t+h)$ 的风险暴露可表示为

$$C^b(t+h) - C^b(t) = \int_t^{t+h} \lambda\mu(b(s))ds + \int_t^{t+h} \sqrt{\lambda}\sigma(b(s))dW(s)$$
$$\doteq \lambda h\mu(b(t)) + \sqrt{\lambda}\sigma(b(t))\int_t^{t+h} dW(s).$$

3.3 动态风险价值下的超额损失再保险

对于一个给定的置信水平 $1-\alpha \in (0,1)$, 超额损失再保险合约下的动态风险价值和动态条件风险价值的定义分别为

$$\mathrm{VaR}_t^{\alpha,h} \triangleq \inf\left\{L : \mathbb{P}(C^b(t+h) - C^b(t) \geqslant L \mid \mathcal{F}_t) < \alpha\right\},$$

$$\mathrm{CVaR}_t^{\alpha,h} \triangleq \mathbb{E}\left[C^b(t+h) - C^b(t) \mid C^b(t+h) - C^b(t) \geqslant \mathrm{VaR}_t^{\alpha,h}\right].$$

如果无法获得保险公司索赔过程的全部信息, 而只能得到其一阶矩和二阶矩, 我们无法用 (3.13) 来近似地表示索赔过程. 这时, 定义动态最差情况条件风险价值如下:

$$\mathrm{wcCVaR}_t^{\alpha,h} \triangleq \sup_{p(\cdot) \in \mathcal{P}_2} \inf_{a \in \mathbb{R}} \left\{a + \frac{1}{\alpha}\mathbb{E}_p[(C^b(t+h) - C^b(t) - a)_+]\right\},$$

其中

$$\mathcal{P}_2 = \big\{p(\cdot) : \mathbb{E}_p[C^b(t+h) - C^b(t)] = \lambda h \mu(b(t)),$$
$$\mathbb{E}_p[(C^b(t+h) - C^b(t))^2] = \lambda h \sigma^2(b(t)) + (\lambda h \mu(b(t)))^2\big\}$$

为所有可行概率分布的集合.

命题 3.3.1 在自留额为 $b(t)$ 的超额损失再保险合约下, 保险公司的动态风险价值、动态条件风险价值以及动态最差情况条件风险价值分别为

$$\mathrm{VaR}_t^{\alpha,h} = \lambda h \mu(b(t)) - \Phi^{-1}(\alpha)\sqrt{\lambda h}\sigma(b(t)),$$
$$\mathrm{CVaR}_t^{\alpha,h} = \lambda h \mu(b(t)) + \frac{\phi(\Phi^{-1}(\alpha))}{\alpha}\sqrt{\lambda h}\sigma(b(t)),$$
$$\mathrm{wcCVaR}_t^{\alpha,h} = \lambda h \mu(b(t)) + \sqrt{\frac{1-\alpha}{\alpha}}\sqrt{\lambda h}\sigma(b(t)).$$

并且, 这些动态风险度量满足

$$0 \leqslant \mathrm{VaR}_t^{\alpha,h} \leqslant \mathrm{CVaR}_t^{\alpha,h} \leqslant \mathrm{wcCVaR}_t^{\alpha,h} < U^b(t).$$

证明 通过命题 3.2.1 的证明方法可证. ∎

注解 3.3.1 令 $\widetilde{\alpha} = \Phi\left(-\dfrac{\phi(\Phi^{-1}(\alpha))}{\alpha}\right)$, $\hat{\alpha} = \Phi\left(-\sqrt{\dfrac{1-\alpha}{\alpha}}\right)$. 则有 $\mathrm{CVaR}_t^{\alpha,h} = \mathrm{VaR}_t^{\widetilde{\alpha},h}$ 和 $\mathrm{wcCVaR}_t^{\alpha,h} = \mathrm{VaR}_t^{\hat{\alpha},h}$. 于是, 和比例再保险的情形相同, 动态条件风险价值和动态最差情况条件风险价值限制条件可以等价地转换成一个不同置信度下的动态风险价值限制条件, 反之亦然.

3.3.2 HJB 方程

类似于比例再保险模型, 我们在超额损失再保险问题中采用的动态风险价值限制条件为

$$\mathrm{VaR}_t^{\alpha,h} \leqslant kU^b(t), \quad 0 < k < +\infty.$$

通过动态规划理论, 得到值函数 $v(u)$ 满足的 HJB 方程

$$\max_b \left\{ [(\eta - \theta)m_1 + \theta\mu(b)]v'(u) + \frac{1}{2}\sigma^2(b)v''(u) \right\} = 0, \quad (3.14)$$

$$\text{s.t.} \begin{cases} 0 \leqslant b \leqslant N, \\ \lambda h \mu(b) - \Phi^{-1}(\alpha)\sqrt{\lambda h}\sigma(b) \leqslant ku, \\ v(0) = 0, \; v(+\infty) = 1. \end{cases}$$

定理 3.3.1 (a) 当 $\dfrac{\theta m_2}{2\eta m_1} < N \leqslant +\infty$ 时, 函数

$$\delta(u) = \begin{cases} \delta(u_2)\left[1 - \dfrac{\displaystyle\int_u^{u_2} e^{\int_v^{u_2} \frac{2[(\eta-\theta)m_1 + \theta\mu(l^{-1}(kw))]}{\sigma^2(l^{-1}(kw))}dw} dv}{\displaystyle\int_0^{u_2} e^{\int_v^{u_2} \frac{2[(\eta-\theta)m_1 + \theta\mu(l^{-1}(kw))]}{\sigma^2(l^{-1}(kw))}dw} dv}\right], & u < u_2, \\[4pt] \delta(u_2) + [1 - \delta(u_2)]\left[1 - e^{-\frac{\theta}{g^{-1}(0)}(u - u_2)}\right], & u \geqslant u_2, \end{cases}$$
$$(3.15)$$

其中

$$u_2 = \frac{l(g^{-1}(0))}{k},$$

$$g(b) = (\eta - \theta)m_1 + \theta\mu(b) - \frac{\theta\sigma^2(b)}{2b}, \tag{3.16}$$

$$l(b) = \lambda h\mu(b) - \Phi^{-1}(\alpha)\sqrt{\lambda h}\sigma(b), \tag{3.17}$$

$$\delta(u_2) = \frac{\theta}{\theta + \dfrac{g^{-1}(0)}{\displaystyle\int_0^{u_2} e^{\int_v^{u_2} \frac{2[(\eta-\theta)m_1 + \theta\mu(l^{-1}(kw))]}{\sigma^2(l^{-1}(kw))} dw} dv}} \tag{3.18}$$

是 HJB 方程的一个光滑解. 并且, 最优策略为

$$b^*(u) = \begin{cases} l^{-1}(ku), & u < u_2, \\ g^{-1}(0), & u \geqslant u_2. \end{cases} \tag{3.19}$$

(b) 当 $N \leqslant \dfrac{\theta m_2}{2\eta m_1}$ 时, 函数

$$\delta(u) = \begin{cases} \delta\left(\dfrac{l(N)}{k}\right)\left[1 - \dfrac{\displaystyle\int_u^{l(N)/k} e^{\int_v^{l(N)/k} \frac{2[(\eta-\theta)m_1 + \theta\mu(l^{-1}(kw))]}{\sigma^2(l^{-1}(kw))} dw} dv}{\displaystyle\int_0^{l(N)/k} e^{\int_v^{l(N)/k} \frac{2[(\eta-\theta)m_1 + \theta\mu(l^{-1}(kw))]}{\sigma^2(l^{-1}(kw))} dw} dv}\right], \\ \hfill u < \dfrac{l(N)}{k}, \\ \delta\left(\dfrac{l(N)}{k}\right) + \left[1 - \delta\left(\dfrac{l(N)}{k}\right)\right]\left[1 - e^{-\frac{2\eta m_1}{m_2}\left(u - \frac{l(N)}{k}\right)}\right], \\ \hfill u \geqslant \dfrac{l(N)}{k}, \end{cases} \tag{3.20}$$

其中

$$\delta\left(\frac{l(N)}{k}\right) = \frac{\dfrac{2\eta m_1}{m_2}}{\dfrac{2\eta m_1}{m_2} + \dfrac{1}{\displaystyle\int_0^{l(N)/k} e^{\int_v^{l(N)/k} \frac{2[(\eta-\theta)m_1 + \theta\mu(l^{-1}(kw))]}{\sigma^2(l^{-1}(kw))} dw} dv}} \tag{3.21}$$

为 HJB 方程的一个光滑解, 对应的最优策略为

$$b^*(u) = \begin{cases} l^{-1}(ku), & u < \dfrac{l(N)}{k}, \\ N, & u \geqslant \dfrac{l(N)}{k}. \end{cases} \quad (3.22)$$

证明 假设 $\delta(u)$ 为 HJB 方程 (3.14) 的一个光滑解. 对 HJB 方程的左边关于 b 求导数, 得到

$$\theta \bar{G}(b)\delta'(u) + b\bar{G}(b)\delta''(u).$$

因此, HJB 方程左边的最大值点为 $\min\{b(u), N\}$, 其中, N 是索赔额分布的支撑的一个上界. 并且, 最大值点可表示为

$$b(u) = \begin{cases} -\dfrac{\theta \delta'(u)}{\delta''(u)}, & \delta''(u) \neq 0, \\ \infty, & \delta''(u) = 0. \end{cases}$$

将 $b(u) = -\dfrac{\theta \delta'(u)}{\delta''(u)}$ 代入方程 (3.14), HJB 方程可化简为

$$g(b)\delta'(u) = 0,$$

其中, $g(b)$ 由 (3.16) 给出.

容易验证, $g(b)$ 是一个连续的单调增函数, $g(0) = (\eta - \theta)m_1 < 0$, 并且 $\lim_{b \to \infty} g(b) = (\eta - \theta)m_1 + \theta m_1 - 0 = \eta m_1 > 0$. 因此, $g(b)$ 有唯一的正根, 记作 $\bar{b} = g^{-1}(0)$. 由动态风险价值限制得到 $l(b) \leqslant ku$, 其中, 由 (3.17) 给出的 $l(b)$ 是一个取值为正数的单调增函数.

(1) 若 $N = \infty$.

如果 $u \geqslant u_2$, 其中, $u_2 \triangleq l(g^{-1}(0))/k$, 有 $l(\bar{b}) \leqslant ku$. 于是, HJB 方程的左边取到最大值的点为

$$b^* = \bar{b} = g^{-1}(0).$$

3.3 动态风险价值下的超额损失再保险

将其代入 $b(u)$, 整理得到

$$\frac{\delta''(u)}{\delta'(u)} = -\frac{\theta}{g^{-1}(0)}.$$

对方程两边在 u_2 到 u 上求积分得到

$$\delta'(u) = \delta'(u_2) e^{-\frac{\theta}{g^{-1}(0)}(u-u_2)}.$$

再次积分, 并且结合边界条件 $\delta(\infty) = 1$, 得到

$$\delta(u) = \delta(u_2) + [1 - \delta(u_2)] \left[1 - e^{-\frac{\theta}{g^{-1}(0)}(u-u_2)}\right], \quad u \geqslant u_2.$$

如果 $u < u_2$, 则令 $b^* = l^{-1}(ku)$. 于是, HJB 方程为

$$[(\eta - \theta)m_1 + \theta\mu(l^{-1}(ku))]\delta'(u) + \frac{1}{2}\sigma^2(l^{-1}(ku))\delta''(u) = 0,$$

整理得

$$\frac{\delta''(u)}{\delta'(u)} = -\frac{2\left[(\eta - \theta)m_1 + \theta\mu(l^{-1}(ku))\right]}{\sigma^2(l^{-1}(ku))}. \tag{3.23}$$

对此方程两边在 u 到 u_2 上积分得

$$\delta'(u) = \delta'(u_2) e^{\int_u^{u_2} \frac{2[(\eta-\theta)m_1+\theta\mu(l^{-1}(kv))]}{\sigma^2(l^{-1}(kv))} dv},$$
$$\delta(u) = \delta(u_2) - \delta'(u_2) \int_u^{u_2} e^{\int_v^{u_2} \frac{2[(\eta-\theta)m_1+\theta\mu(l^{-1}(kw))]}{\sigma^2(l^{-1}(kw))} dw} dv.$$

结合边界条件 $\delta(0) = 0$ 得到

$$\delta(u) = \delta(u_2) \left[1 - \frac{\int_u^{u_2} e^{\int_v^{u_2} \frac{2[(\eta-\theta)m_1+\theta\mu(l^{-1}(kw))]}{\sigma^2(l^{-1}(kw))} dw} dv}{\int_0^{u_2} e^{\int_v^{u_2} \frac{2[(\eta-\theta)m_1+\theta\mu(l^{-1}(kw))]}{\sigma^2(l^{-1}(kw))} dw} dv}\right], \quad 0 \leqslant u < u_2.$$

再由 $\delta(u)$ 的连续可导这一性质, 有

$$\frac{\delta(u_2)}{\int_0^{u_2} e^{\int_v^{u_2} \frac{2[(\eta-\theta)m_1+\theta\mu(l^{-1}(kw))]}{\sigma^2(l^{-1}(kw))} dw} dv} = [1 - \delta(u_2)] \frac{\theta}{g^{-1}(0)},$$

整理这个方程可得到 $\delta(u_2)$ 的表达式, 即由 (3.18) 刻画. 因此, (3.15) 定义的 $\delta(u)$ 是 HJB 方程的一个光滑解, 并且, 对应的最优策略由 (3.19) 给出.

(2) 若 $\dfrac{\theta m_2}{2\eta m_1} < N < \infty$.

由于 $\lim_{b\to N} g(b) = (\eta - \theta)m_1 + \theta m_1 - \dfrac{\theta m_2}{2N} > 0$, $g(b) = 0$ 存在唯一解 $\bar{b} = g^{-1}(0) \in (0, N]$. 于是, 保险公司在超额损失再保险时的最优自留额以及对应的最大生存概率和 $N = \infty$ 的情形相同.

(3) 若 $N \leqslant \dfrac{\theta m_2}{2\eta m_1}$.

由于 $\lim_{b\to N} g(b) = \eta m_1 - \dfrac{\theta m_2}{2N} \leqslant 0$, 函数 $g(b)$ 在 $[0, N]$ 上始终为正. 于是, 在不考虑限制条件时, 通过分析 HJB 方程的左边得到它的最大值在 $b = N$ 取得.

当 $u \geqslant l(N)/k$ 时, 则有 $l(N) \leqslant ku$, 并且, 最大值点为 $b^* = N$. 将其代入 HJB 方程, 整理化简得

$$\frac{\delta''(u)}{\delta'(u)} = -\frac{2\eta m_1}{m_2},$$

对该等式在 $\dfrac{l(N)}{k}$ 到 u 上积分得到

$$\delta'(u) = \delta'\left(\frac{l(N)}{k}\right) e^{-\frac{2\eta m_1}{m_2}\left(u - \frac{l(N)}{k}\right)}.$$

再次积分, 并结合边界条件 $\delta(\infty) = 1$, 得到

$$\delta(u) = \delta\left(\frac{l(N)}{k}\right) + \left[1 - \delta\left(\frac{l(N)}{k}\right)\right]\left[1 - e^{-\frac{2\eta m_1}{m_2}\left(u - \frac{l(N)}{k}\right)}\right], \quad u \geqslant \frac{l(N)}{k}.$$

当 $u < l(N)/k$ 时, 为能满足动态风险价值限制条件, 令 $b^* = l^{-1}(ku)$, HJB 方程可化为 (3.23). 通过与 $N = \infty$ 情况下类似的计算过程, 在 u

到 $l(N)/k$ 上积分得到

$$\delta(u) = \delta\left(\frac{l(N)}{k}\right)\left[1 - \frac{\int_u^{l(N)/k} e^{\int_v^{l(N)/k} \frac{2[(\eta-\theta)m_1 + \theta\mu(l^{-1}(kw))]}{\sigma^2(l^{-1}(kw))} dw} dv}{\int_0^{l(N)/k} e^{\int_v^{l(N)/k} \frac{2[(\eta-\theta)m_1 + \theta\mu(l^{-1}(kw))]}{\sigma^2(l^{-1}(kw))} dw} dv}\right],$$

$$0 \leqslant u < \frac{l(N)}{k}.$$

由于 $\delta(u)$ 连续可导, 所以 $\delta\left(\dfrac{l(N)}{k}\right)$ 满足

$$\frac{\delta\left(\dfrac{l(N)}{k}\right)}{\int_0^{l(N)/k} e^{\int_v^{l(N)/k} \frac{2[(\eta-\theta)m_1 + \theta\mu(l^{-1}(kw))]}{\sigma^2(l^{-1}(kw))} dw} dv} = \left[1 - \delta\left(\frac{l(N)}{k}\right)\right]\frac{2\eta m_1}{m_2}.$$

化简这个方程, 得到 $\delta\left(\dfrac{l(N)}{k}\right)$ 的表达式为 (3.21). 因此, (3.20) 定义的 $\delta(u)$ 是 HJB 方程的一个光滑解, 并且, 最优策略由 (3.22) 刻画. ∎

注解 3.3.2 事实上, $\delta(u)$ 只有当 $u > l\left(\mu^{-1}\left(\dfrac{(\theta-\eta)m_1}{\theta}\right)\right)\bigg/k$ 时为凸函数. 对于 $u \leqslant l\left(\mu^{-1}\left(\dfrac{(\theta-\eta)m_1}{\theta}\right)\right)\bigg/k$, 有 $\delta''(u) \geqslant 0$, 所以, 生存概率是关于 u 的凹函数. 分析 HJB 方程可以找到方程的左边在 $b^* - l^{-1}(ku)$ 时取到最大值, 此时, HJB 方程可转化为 (3.23).

通过文献 (Zhang et al., 2007) 或者 (Meng and Zhang, 2010) 中的验证定理可知, 在两种情况下, 光滑函数 $\delta(u)$ 都与值函数相同. 因此, 得到下面的结论.

命题 3.3.2 值函数 $v(x)$ 与定理 3.3.1 中定义的光滑函数 $\delta(u)$ 相同. 并且, 超额损失再保险的最优自留额由定理 3.3.1 中定义的最优反馈控制 $b^*(u)$ 刻画, 其中, $u = U^{b^*}(t)$ 为控制策略为 $b^*(u)$ 时的盈余过程.

推论 3.3.1 当 $k = +\infty$ 时, 我们的模型是一个不含限制条件的超额损失再保险优化问题, 得到的结果将简化为

- 如果 $\dfrac{\theta m_2}{2\eta m_1} < N \leqslant +\infty$, 当选取的索赔自留额为 $b^* = g^{-1}(0)$ 时, 保险公司的生存概率达到最大, 最大化的生存概率为

$$\delta(u) = 1 - e^{-\frac{\theta}{g^{-1}(0)}u};$$

- 如果 $N \leqslant \dfrac{\theta m_2}{2\eta m_1}$, 保险公司的最优策略为 $b^* = N$, 即不购买再保险合约 (或者说, 免费地将以零概率发生的赔付超过 N 的极端索赔部分转移给再保险公司). 在最优策略下得到的最大化的生存概率为

$$\delta(u) = 1 - e^{-\frac{2\eta m_1}{m_2}u}.$$

注解 3.3.3 在超额损失再保险模型中, 如果不借助动态风险价值、动态条件风险值或者动态最差情况条件风险价值这些风险度量设置准备金限制条件, 我们得到的结果 (即推论 3.3.1) 与文献 (Meng and Zhang, 2010) 的定理 4 和定理 5 中无风险利率为零时的结论相同. 因此, 无限制条件的超额损失再保险优化问题是我们所研究模型的一个特例.

3.4 数值实例

在这一节中, 我们通过几个数值例子来解释前两节所得到的结果. 对于比例再保险, 需要比较 θ 和 2η 的大小才能取得最优生存概率的表达式; 对于超额损失再保险, 需要比较索赔分布的支撑 N 和 $\dfrac{\theta m_1}{2\eta m_2}$ 的大小. 由于所选参数不可能同时满足 $\theta \leqslant 2\eta$ 和 $N \leqslant \dfrac{\theta m_1}{2\eta m_2}$, 我们可以在以下三种情况下分别举例说明所得结论.

(i) $\theta > 2\eta$ 且 $N = \infty$. 在例 3.4.1 中, 令保费安全负荷系数 $\eta = 0.15$, $\theta = 0.4$, 并且索赔额分布服从参数为 1 的指数分布, 即 $X_i \sim \text{Exp}(1)$.

(ii) $\theta \leqslant 2\eta$ 且 $N > \dfrac{\theta m_1}{2\eta m_2}$. 在例 3.4.2 中,令 $\eta = 0.2$, $\theta = 0.3$, $X_i \sim U[0, 2]$.

(iii) $\theta > 2\eta$ 且 $N \leqslant \dfrac{\theta m_1}{2\eta m_2}$. 在例 3.4.3 中,令 $\eta = 0.1$, $\theta = 0.4$, 并且索赔额分布服从在区间 $[0, 2]$ 上截断的参数为 1 的指数分布.

在实践中,为了限制公司的风险暴露,监管机构会定期地进行监管,同时,金融机构也会主动地进行自我监控. 一般地,对于业务类型、业务大小以及业务复杂度不同的机构,监管频率可以是每年、每月、每周甚至每天进行一次. 因此,我们可以相应地将时间长度 h 设定为 1 (年度监管)、$1/4$ (季度监管)、$1/12$ (每月监管)、$1/25$ (每两周监管)、$1/50$ (每周监管),或者 $1/250$ (每日监管). 在所选例子中,首先假设保险公司每两周重新评估一次风险度量 (即 $h = 1/25$). 在所有数值计算中,令参数 $\alpha = 0.01$, $k = 1$ (即所持有的盈余不低于动态风险价值/条件风险价值/最差情况条件风险价值), $\lambda = 10$. 在每个例子中,我们给出保费的安全负荷系数 η 和 θ 所取的特定固定常数,并且通过调整 h 的值说明不同调整频率的动态风险价值限制条件对再保险策略产生的影响.

例 3.4.1 令保费的安全负荷系数 $\eta = 0.15$, $\theta = 0.4$, 索赔额分布服从参数为 1 的指数分布. 这时,动态风险价值限制下的最优比例再保险对应的保险公司最大生存概率 $\delta(u)$ 的表达式为 (3.4). 图 3.4.1(a) 给出了无限制条件、动态风险价值条件、动态条件风险价值条件、动态最差情况条件风险价值条件四种情形下最优比例再保险对应的最大化生存概率. 在超额损失再保险合约下,最优生存概率的解析表达式由 (3.15) 给出, 在无限制以及不同限制条件下的 $\delta(u)$ 的图像由图 3.4.1(b) 给出. 两个图形都表明动态风险度量限制条件下的最大生存概率低于无限制条件的情形;并且,对于相同置信度的三种动态风险度量确定的限制条件,动态风险价值限制下的最优生存概率最高,而动态最差情况条件风险价值下的最优生存概率最低. 值得注意的是, 最优生存概率 $\delta(u)$ 在动态风险度量限制条件下不再是凸函数. 当盈余很小时, 限制条件下的最优生存概率是关于盈余 u 的凹函数, 仅当盈余超过拐点时 $\delta(u)$ 具有凸性.

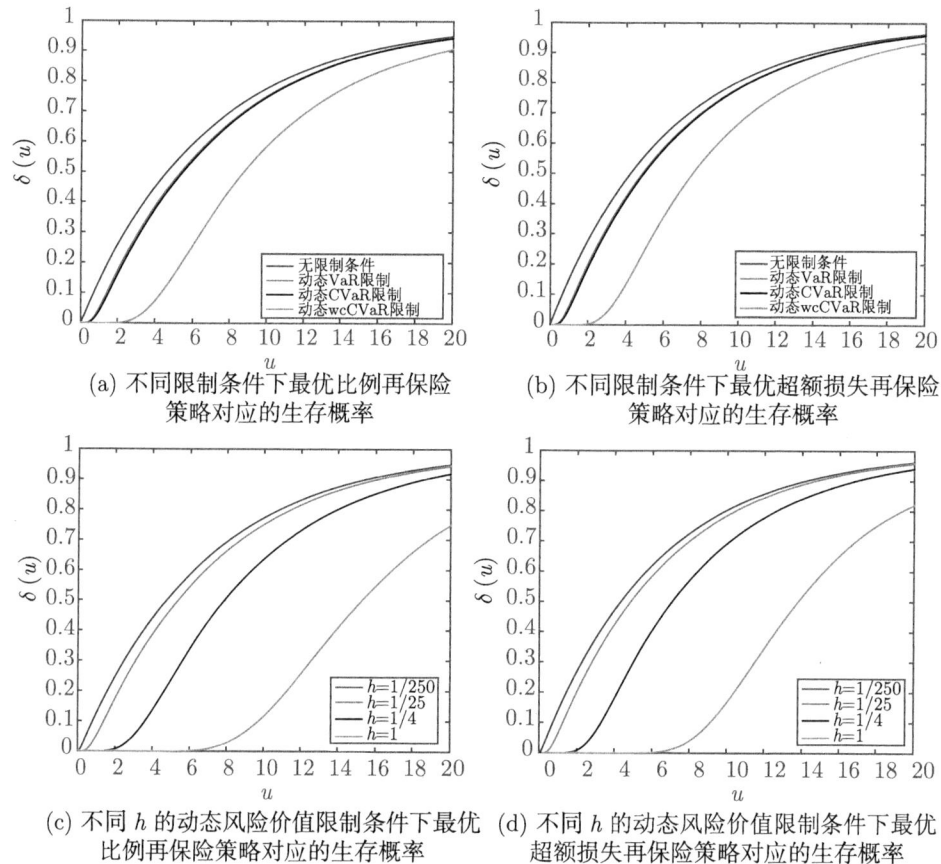

(a) 不同限制条件下最优比例再保险策略对应的生存概率

(b) 不同限制条件下最优超额损失再保险策略对应的生存概率

(c) 不同 h 的动态风险价值限制条件下最优比例再保险策略对应的生存概率

(d) 不同 h 的动态风险价值限制条件下最优超额损失再保险策略对应的生存概率

图 3.4.1 例 3.4.1 对应的保险公司最大生存概率 (彩图见封底二维码)

在无限制条件以及三种动态风险度量限制条件下, 表 3.4.1 列出了最优比例再保险和超额损失再保险下的生存概率的数值结果. 在这个例子的参数设定下, 结果表明最优超额损失再保险下的生存概率高于最优比例再保险情形. 随着初始盈余 u 的增大, 最大生存概率从 0 逐渐向 1 增大. 特别地, 当 u 很小时, 动态 VaR/CVaR/wcCVaR 限制条件下的 $\delta(u)$

3.4 数值实例

比无限制条件时增长更快, 这与 $\delta(u)$ 在盈余很小时是凹函数的结论是一致的.

表 3.4.1 例 3.4.1 中的最大生存概率

u	无限制条件		动态 VaR 限制		动态 CVaR 限制		动态 wcCVaR 限制	
	比例再保险	超额损失再保险	比例再保险	超额损失再保险	比例再保险	超额损失再保险	比例再保险	超额损失再保险
0.5	0.0723	0.0789	0.0062	0.0083	0.0034	0.0048	7.6×10^{-17}	7.4×10^{-12}
1	0.1393	0.1516	0.0498	0.0632	0.0389	0.0514	5.8×10^{-8}	3.5×10^{-7}
2	0.2592	0.2803	0.1738	0.2021	0.1586	0.1888	9.4×10^{-4}	0.0031
4	0.4512	0.4820	0.3878	0.4277	0.3763	0.4186	0.0737	0.1333
6	0.5934	0.6272	0.5465	0.5881	0.5379	0.5816	0.2564	0.3569
8	0.6988	0.7317	0.6640	0.7035	0.6577	0.6988	0.4403	0.5510
12	0.8347	0.8610	0.8156	0.8464	0.8121	0.8440	0.6926	0.7674
16	0.9093	0.9280	0.8988	0.9205	0.8969	0.9192	0.8313	0.8795
20	0.9502	0.9627	0.9445	0.9588	0.9434	0.9581	0.9074	0.9376

对于动态风险价值限制条件下的再保险优化问题, 在比例再保险和超额损失再保险两种形式的再保险合同之下, 最大生存概率随着再保险策略的调整频率 h 的变化分别由图 3.4.1(c) 和 (d) 描绘. 我们考虑时间长度 $h = 1$, $1/4$, $1/25$, 以及 $1/250$, 即策略调整频率为每年一次、每季度一次、每两周一次、每交易日一次. 对于两种形式的再保险合同, 由图形可见, 最大生存概率 $\delta(u)$ 随着 h 的增大逐渐减小. 这表明保险公司的再保险策略调整地越频繁, 公司的最大生存概率越高.

例 3.4.2 令 $\eta = 0.2$, $\theta = 0.3$, 并且索赔额服从区间 $[0, 2]$ 上的均匀分布. 无限制条件、动态风险价值条件、动态条件风险价值条件、动态最差情况条件风险价值条件四种情形下的最优比例再保险和最优超额损失再保险所对应的最大化生存概率的显式表达式分别由 (3.7) 和 (3.15) 给出, 最大生存概率的图像在图 3.4.2(a) 和 (b) 中描绘. 在各限制条件下, $\delta(u)$ 的凸性与例 3.4.1 的结论相同, 最大生存概率的大小关系也与例 3.4.1 的结论相同.

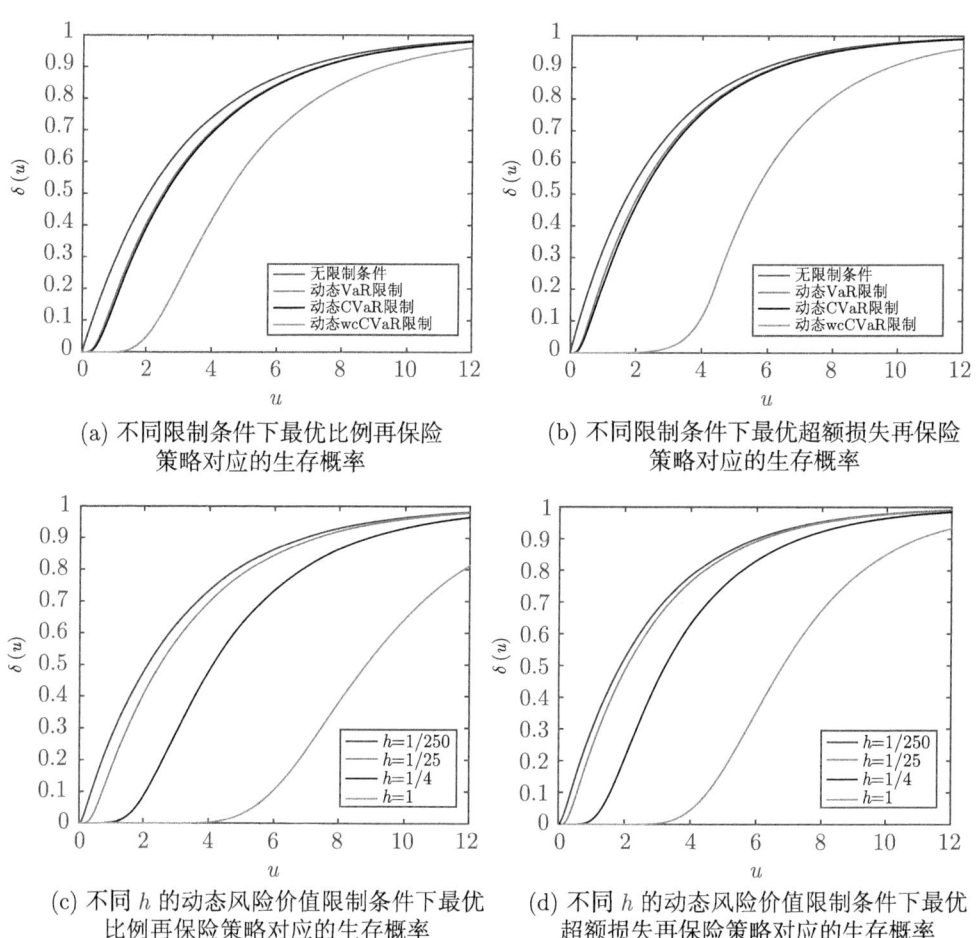

图 3.4.2　例 3.4.2 对应的保险公司最大生存概率 (彩图见封底二维码)

在无限制条件和不同动态风险度量的限制条件下, 最优生存概率 $\delta(u)$ 的数值结果在表 3.4.2 中列出. 比较两种不同形式的再保险合同下 $\delta(u)$ 的值, 我们发现, 在无限制条件和动态 (条件) 风险价值限制条件下, 超额损失再保险对应的最优生存概率均高于比例再保险的情形. 然而, 在动态最差情况条件风险价值限制下, 在此例的参数设置下, 最优比例再保险则优于超额损失再保险.

在动态风险价值限制条件下, 如果保险公司风险评估的频率为每年、每季度、每两周、每工作日一次, 我们相应地将 h 的值取为 $h = 1, 1/4, 1/25, 1/250$. 在各种风险评估频率下, 比例再保险和超额损失再保险下的最优生存概率 $\delta(u)$ 分别由图 3.4.2(c) 和 (d) 描绘. 两个子图均表明, 随着再保险策略调整频率的提高, 即随着 h 的减小, 保险公司将能享有更高的生存概率.

表 3.4.2 例 3.4.2 中的最大生存概率

u	无限制条件		动态 VaR 限制		动态 CVaR 限制		动态 wcCVaR 限制	
	比例再保险	超额损失再保险	比例再保险	超额损失再保险	比例再保险	超额损失再保险	比例再保险	超额损失再保险
0.5	0.1553	0.1783	0.0640	0.0779	0.0523	0.0612	1.3×10^{-6}	2.0×10^{-9}
1	0.2864	0.3248	0.2025	0.2377	0.1879	0.2109	0.0034	6.2×10^{-6}
2	0.4908	0.5441	0.4308	0.4855	0.4202	0.4657	0.1200	0.0012
3	0.6367	0.6921	0.5939	0.6526	0.5863	0.6392	0.3322	0.0169
4	0.7408	0.7921	0.7102	0.7654	0.7048	0.7564	0.5183	0.1120
6	0.8680	0.9052	0.8524	0.8930	0.8497	0.8889	0.7546	0.5778
8	0.9328	0.9568	0.9249	0.9512	0.9235	0.9494	0.8750	0.8075
10	0.9658	0.9803	0.9617	0.9778	0.9610	0.9769	0.9364	0.9122
12	0.9826	0.9910	0.9805	0.9899	0.9802	0.9895	0.9676	0.9600

例 3.4.3 令 $\eta = 0.1, \theta = 0.4$. 索赔额服从概率密度函数为 $f(x) = \dfrac{e^{-x}}{1 - e^{-2}}$, $0 \leqslant x \leqslant 2$ 的截断的指数分布. 于是, 比例再保险和超额损失再保险下的最优生存概率的显式表达式分别由 (3.4) 和 (3.20) 给出, 两种情形下 $\delta(u)$ 的图像分别在图 3.4.3(a) 和 (b) 中描绘, 数值结果在表 3.4.3 中给出. 我们可以通过表 3.4.3 中的数值结果分别在无限制条件以及动态风险价值、动态条件风险价值以及动态最差情况条件风险价值限制下分别比较两种再保险合同下的最优生存概率. 结果表明, 当不设置准备金

限制条件时, 两种类型的再保险合同的最优策略所对应的生存概率相等. 然而, 当采用了动态风险度量限制, 比例再保险则优于超额损失再保险. 对于不同的调整频率 h, 动态风险价值限制下两种形式的再保险所对应的最大生存概率分别在图 3.4.3(c) 和 (d) 中描绘. 与前两个例子相同, 最大生存概率 $\delta(u)$ 随着保险公司风险评估和再保险策略调整的频率的提高而增大.

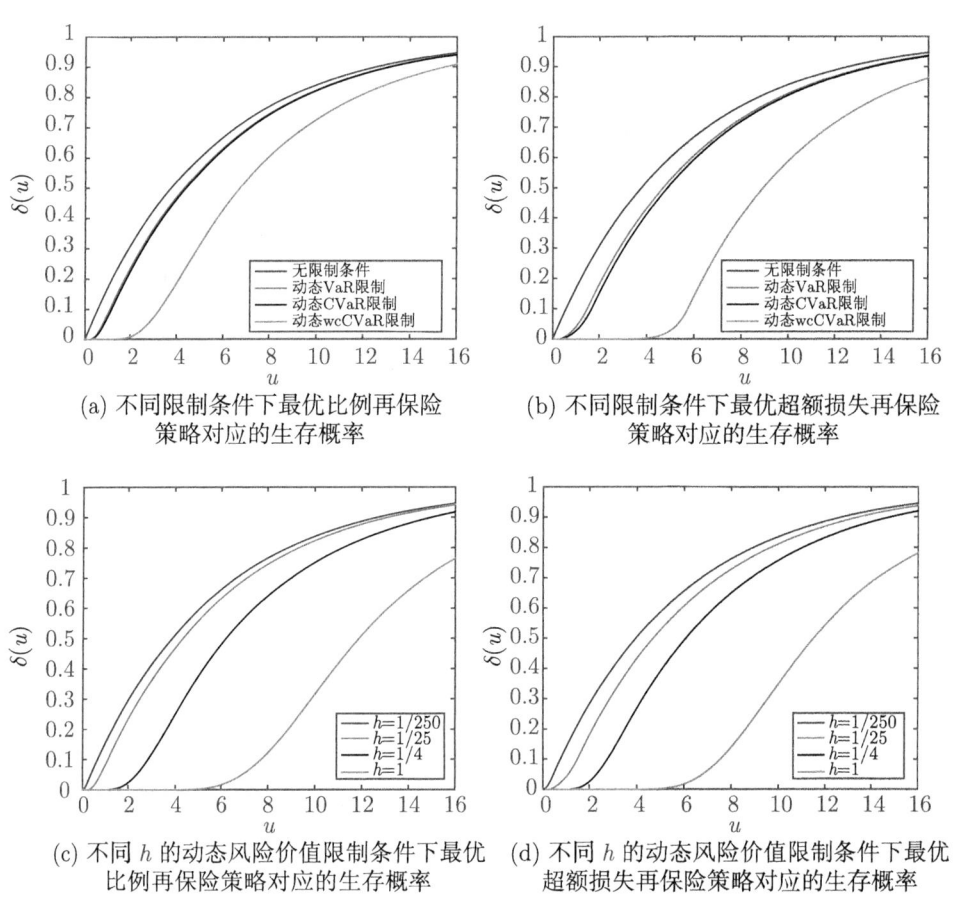

(a) 不同限制条件下最优比例再保险策略对应的生存概率

(b) 不同限制条件下最优超额损失再保险策略对应的生存概率

(c) 不同 h 的动态风险价值限制条件下最优比例再保险策略对应的生存概率

(d) 不同 h 的动态风险价值限制条件下最优超额损失再保险策略对应的生存概率

图 3.4.3 例 3.4.3 对应的保险公司最大生存概率 (彩图见封底二维码)

表 3.4.3　例 3.4.3 中的最大生存概率

u	无限制条件		动态 VaR 限制		动态 CVaR 限制		动态 wcCVaR 限制	
	比例再保险	超额损失再保险	比例再保险	超额损失再保险	比例再保险	超额损失再保险	比例再保险	超额损失再保险
0.5	0.0878	0.0878	0.0139	0.0068	0.0089	0.0032	2.4×10^{-13}	1.1×10^{-18}
1	0.1678	0.1678	0.0816	0.0411	0.0688	0.0262	3.7×10^{-6}	2.3×10^{-11}
2	0.3075	0.3075	0.2343	0.1814	0.2216	0.1512	0.0074	9.8×10^{-7}
3	0.4237	0.4237	0.3628	0.3188	0.3522	0.2937	0.0690	1.5×10^{-4}
4	0.5204	0.5204	0.4698	0.4331	0.4609	0.4122	0.1852	0.0031
6	0.6679	0.6679	0.6328	0.6074	0.6267	0.5930	0.4280	0.1419
8	0.7700	0.7700	0.7457	0.7281	0.7415	0.7181	0.6039	0.4057
12	0.8897	0.8897	0.8780	0.8696	0.8760	0.8648	0.8100	0.7150
16	0.9471	0.9471	0.9415	0.9375	0.9405	0.9352	0.9089	0.8633

注解 3.4.1　从这些数值例子可以发现, 在无限制模型下, 最优超额损失再保险对应的生存概率始终高于比例再保险. 这与 Asmussen 等 (2000) 首先得到的 "在最大化分红的总期望现值目标函数下超额损失再保险优于比例再保险" 的结论相符. 随后, 这一结果拓展到了最小化保险人的破产概率这一目标函数之下, Zhang 等 (2007) 给出了详细证明. 然而, 在通过动态 VaR/CVaR/wcCVaR 度量的风险不超过保险公司实时盈余的固定比例这一限制条件下, 我们无法保障超额损失再保险表现最优. 由例 3.4.2 或者例 3.4.3 的结果可见, 动态最差情况条件风险价值限制下的最优比例再保险对应的生存概率高于超额损失再保险.

3.5　小　　结

本章分别在比例再保险和超额损失再保险情形下研究了动态风险价值、动态条件风险价值以及动态最差情况条件风险价值下的再保险优化问题. 当动态 VaR/CVaR/wcCVaR 的上限为保险公司盈余的固定比例时, 我们推导出了最大生存概率和对应的最优再保险策略的显式表达式.

在实践中, 保险公司会将其盈余投放在金融市场以期获得更多收益. 在再保险—投资策略下, 保险公司的风险暴露将同时涵盖索赔支付和潜在投资风险. 这使得风险度量更加复杂, 但这将是一个值得进一步研究的问题. 为能更好地通过动态 VaR/CVaR/wcCVaR 等风险度量引入符合实务需求的限制条件, 可将动态风险度量的上限设置为盈余的常数倍与一个固定常数的最大值的形式. 比较不同形式限制条件下的最大生存概率对于保险公司的风险管理同样具有重要意义. 我们还可以从期望分位数等既满足一致性又具有可导出性的风险度量的角度进一步研究保险公司的风险暴露.

第4章 保险人和再保险人双赢下的最优比例再保险

本章研究可为保险公司和再保险公司带来双赢的最优比例再保险合约. 我们同时通过约束条件和优化目标来体现再保险合约的双赢性. 一方面, 我们所设定的约束条件要求在一个比例再保险合约下, 保险公司和再保险公司各自盈余的期望效用均不得减小. 另一方面, 优化目标同时涵括保险公司和再保险公司双方的权益. 具体来讲, 我们分别在五个不同的目标函数下研究静态情形下的最优比例再保险问题. 其中, 两公司的联合生存概率、总方差、总风险价值以及总尾部风险价值是保险业从业机构和监管机构经常使用的工具, 而总 Dutch I 型风险度量则为保险公司设计内部模型的准备金评估提供了一种选择, 这也符合偿二代监管体制对大型保险公司的要求.

本章的内容安排如下: 4.1 节给出了可为保险人和再保险公司带来双赢的最优比例再保险优化问题的数学建模. 然后, 4.2 节推导了保险公司和再保险公司期望效用不减约束条件确定的比例再保险合约下保险公司自留风险比例的取值范围. 在五个不同的优化目标下, 4.3 节研究了各模型下的最优比例再保险策略和对应的目标函数值. 4.4 节通过数值实例分析双赢的最优比例再保险合约下保险公司和再保险公司的期望效用改善情况. 最后, 4.5 节给出一些总结性注解.

4.1 数 学 模 型

首先给出再保险优化问题的数学模型. 令非负随机变量 X 表示一个保险公司在固定时长内的总索赔额, 其分布函数为 $G(x) = \mathbb{P}(X \leqslant x)$, 期望为 $\mathbb{E}[X] = \mu$, 方差为 $\mathrm{Var} X = \sigma^2$. 在一个再保险合约之下, 再保险公司将偿还部分索赔给保险公司. 比如, 在再保险合同 $f(X)$ $(0 \leqslant f(X) \leqslant X)$ 下, 保险人的自留索赔风险为 $I_f(X) = X - f(X)$. 假设再保险保费 P_R^f 由期望值保费原理确定, 于是, $P_R^f = (1+\theta_R)\mathbb{E}[f(X)]$, 其中, $\theta_R > 0$ 为再保险公司的安全负荷系数. 保险公司的净保费为 $P_I^f = P_0 - P_R^f$, 其中, P_0 为保险公司向保单持有人收取的保费.

为保证再保险合约为保险公司和再保险公司带来双赢, 我们在合约双方的期望效用均有改进的条件

$$\mathbb{E}[U_I(u_0^I + P_0 - X)] \leqslant \mathbb{E}[U_I(u_0^I + P_I^f - I_f(X))], \tag{4.1}$$

$$\mathbb{E}[U_R(u_0^R)] \leqslant \mathbb{E}[U_R(u_0^R + P_R^f - f(X))] \tag{4.2}$$

下, 考虑目标函数最大化双方的联合生存概率

$$\max \mathbb{P}\{I_f(X) \leqslant u_0^I + P_I^f,\ f(X) \leqslant u_0^R + P_R^f\}, \tag{4.3}$$

或者最小化保险公司和再保险公司各自风险暴露的方差、风险价值 (VaR)、尾部风险价值 (TVaR)、一般 Dutch I 型风险度量之和, 即

$$\min\{J(I_f(X) - P_I^f) + J(f(X) - P_R^f)\}, \tag{4.4}$$

其中, $u_0^I > 0$ 和 $u_0^R > 0$ 分别为保险人和再保险人的初始盈余; J 表示方差或者一个风险度量 (风险价值、尾部风险价值或者一般 Dutch I 型风

4.1 数学模型

险度量); U_I 和 U_R 分别为保险人和再保险人的效用函数. 直观来看, 限制条件保证了双方在签订再保险合同后期望效用都不低于不进入再保险市场之时. 假设索赔额服从参数为 β 的指数分布, 即 $X \sim \text{Exp}(\beta)$. 于是, 有 $G(x) = 1 - e^{-\beta x}$, $\mu = 1/\beta$, $\sigma^2 = 1/\beta^2$. 对于效用函数, 采用文献 (Liang and Guo, 2011) 中选用的指数效用函数

$$U_I(x) = U_R(x) = \lambda - \frac{\alpha}{v}e^{-vx}, \tag{4.5}$$

其中, 参数 λ, α 和 v 均为正常数.

注解 4.1.1 在面临不确定性时, 一个理性决策者常有的风险态度为风险规避. 公司倾向于选择一个能够体现其风险态度的合适的效用函数. 常用的效用函数有三种, 即指数效用函数、幂效用函数和广义对数效用函数. 由于公司在保险或者再保险理赔后的净财富均有可能为负, 因此, 在我们的模型中, 只有指数效用函数是适用的. 并且, 为了方便数学处理, 我们对保险公司和再保险公司选用相同的效用函数.

指数效用函数 (4.5) 具有常数绝对风险厌恶系数 (CARA), 并且其绝对风险厌恶系数为 v. 系数 v 可以体现一个公司的风险偏好. v 的值越大, 公司的风险厌恶程度越高. 由于保险产品的本质决定了保险公司或者再保险公司在销售保单后需要承担风险, 因此, 我们不考虑极度风险规避这一不符合实际的情形, 并且假设 $v < \beta$.

对于比例再保险, $f(X) = (1-q)X$, $I_f(X) = qX$. 其中, $0 \leqslant q \leqslant 1$ 表示保险公司的自留索赔比例. 记保险公司支付的再保险保费为

$$P_R(q) = P_R^f\Big|_{f(X)=(1-q)X} = (1+\theta_R)(1-q)\mu = (1+\theta_R)(1-q)/\beta.$$

则保险公司在购买再保险后的净保费收入为

$$P_I(q) = P_I^f \bigg|_{f(X)=(1-q)X} = P_0 - (1+\theta_R)(1-q)/\beta.$$

4.2 比例再保险自留索赔风险比例的范围

保险公司的效用约束 (4.1) 和再保险公司的效用约束 (4.2) 缩小了再保险合同下保险人自留风险比例 q 的范围. q 的取值范围由以下引理给出.

引理 4.2.1 再保险合同双方的效用约束条件确定的保险人自留索赔风险比例 q 的取值范围如下:

(i) 当 $0 < \theta_R < \dfrac{\beta}{v} \ln \dfrac{\beta}{\beta-v} - 1$ 时, 有 $1 - \dfrac{\beta a_R}{v} \leqslant q \leqslant 1$, 其中, a_R 是 $f_R(a) = e^{-(1+\theta_R)a} + a - 1$ 的唯一正根;

(ii) 当 $\theta_R = \dfrac{\beta}{v} \ln \dfrac{\beta}{\beta-v} - 1$ 时, 有 $0 \leqslant q \leqslant 1$;

(iii) 当 $\dfrac{\beta}{v} \ln \dfrac{\beta}{\beta-v} - 1 < \theta_R < \dfrac{v}{\beta-v}$ 时, 有 $1 - \dfrac{\beta a_I}{v} \leqslant q \leqslant 1$, 其中, a_I 是 $f_I(a) = e^{(1+\theta_R)a} - \dfrac{\beta a}{\beta-v} - 1$ 的唯一正根;

(iv) 当 $\theta_R \geqslant \dfrac{v}{\beta-v}$ 时, 有 $q \equiv 1$.

该引理的证明需要用到下面的命题.

命题 4.2.1 令 $f_I(a) := e^{(1+\theta_R)a} - \dfrac{\beta a}{\beta-v} - 1$, $f_R(a) := e^{-(1+\theta_R)a} + a - 1$. 则函数 $f_I(a)$ 和 $f_R(a)$ 的一些性质如下:

(i) 当 $\theta_R \geqslant \dfrac{v}{\beta-v}$ 时, 函数 $f_I(a)$ 非负; 当 $0 < \theta_R < \dfrac{v}{\beta-v}$ 时, $f_I(a)$ 存在唯一一个正根 a_I, 并且, $f_I(a) \leqslant 0$ 当且仅当 $0 \leqslant a \leqslant a_I$.

(ii) 函数 $f_R(a) = e^{-(1+\theta_R)a} + a - 1$ 存在唯一一个正根 a_R, 并且, $f_R(a) \leqslant 0$ 当且仅当 $0 \leqslant a \leqslant a_R$.

4.2 比例再保险自留索赔风险比例的范围

证明 首先证明本命题的 (i) 部分.

由 $f_I(a)$ 的表达式可知, $f_I(0) = 0$, $f_I(+\infty) = +\infty$, $f_I'(a) = (1+\theta_R)e^{(1+\theta_R)a} - \dfrac{\beta}{\beta-v}$, $f_I''(a) = (1+\theta_R)^2 e^{(1+\theta_R)a} > 0$. 于是, $f_I'(a)$ 是关于 a 的增函数, 并且, $f_I'(0) = \theta_R - \dfrac{v}{\beta-v}$. 当 $\theta_R \geqslant \dfrac{v}{\beta-v}$ 时, 有 $f_I'(a) \geqslant f_I'(0) \geqslant 0$, 故 $f_I(a) \geqslant f_I(0) = 0$. 当 $0 < \theta_R < \dfrac{v}{\beta-v}$ 时, 对于 $0 < a < \dfrac{1}{1+\theta_R} \ln \dfrac{\beta}{(1+\theta_R)(\beta-v)}$, $f_I'(a)$ 取值为负. 对于 $0 < a < \dfrac{1}{1+\theta_R} \ln \dfrac{\beta}{(1+\theta_R)(\beta-v)}$, $f_I(a)$ 关于 a 递减; 对于 $a \geqslant \dfrac{1}{1+\theta_R} \ln \dfrac{\beta}{(1+\theta_R)(\beta-v)}$, $f_I(a)$ 随着 a 的增加而增大. 因此, $f_I(a)$ 存在唯一一个正根 a_I, 并且, $f_I(a) \leqslant 0$ 当且仅当 $0 \leqslant a \leqslant a_I$.

对于 (ii), 有 $f_R'(a) = 1 - (1+\theta_R)e^{-(1+\theta_R)a}$, $f_R''(a) = (1+\theta_R)^2 e^{-(1+\theta_R)a} > 0$. 于是, $f_R'(a)$ 是关于 a 的增函数. 并且, 当 $0 \leqslant a < \dfrac{\ln(1+\theta_R)}{1+\theta_R}$ 时, $f_R'(a)$ 取值为负. 因此, 对于 $0 \leqslant a < \dfrac{\ln(1+\theta_R)}{1+\theta_R}$, $f_R(a)$ 关于 a 单调递减; 对于 $a \geqslant \dfrac{\ln(1+\theta_R)}{1+\theta_R}$, $f_R(a)$ 随 a 单调递增. 又由于 $f_R(0) = 0$, $f_R(+\infty) = +\infty$, 函数 $f_R(a)$ 存在唯一一个正根 a_R, 并且, $f_R(a) \leqslant 0$ 当且仅当 $0 \leqslant a \leqslant a_R$. ∎

接下来证明引理 4.2.1.

证明 令

$$g_I(q) \triangleq \mathbb{E}[U_I(u_0^I + P_0 - X)] - \mathbb{E}[U_I(u_0^I + P_I(q) - qX)],$$
$$g_R(q) \triangleq \mathbb{E}[U_R(u_0^R)] - \mathbb{E}[U_R(u_0^R + P_R(q) - (1-q)X)].$$

于是, 在比例再保险合同下, 可将保险人的效用约束 (4.1) 和再保险人的

效用约束 (4.2) 分别表示为 $g_I(q) \leqslant 0$ 和 $g_R(q) \leqslant 0$. 在效用函数 (4.5) 下, 有

$$g_I(q) = \mathbb{E}\left[\lambda - \frac{\alpha}{v}e^{-v(u_0^I + P_0 - X)} - \lambda + \frac{\alpha}{v}e^{-v(u_0^I + P_I(q) - qX)}\right]$$

$$= \mathbb{E}\left[-\frac{\alpha}{v}e^{-v(u_0^I + P_0)}e^{vX} + \frac{\alpha}{v}e^{-v(u_0^I + P_0)}e^{(1+\theta_R)(1-q)v/\beta}e^{qvX}\right]$$

$$= \frac{\alpha}{v}e^{-v(u_0^I + P_0)}\left[e^{(1+\theta_R)(1-q)v/\beta}M_X(qv) - M_X(v)\right],$$

以及

$$g_R(q) = \mathbb{E}\left[-\frac{\alpha}{v}e^{-vu_0^R} + \frac{\alpha}{v}e^{-vu_0^R}e^{-(1+\theta_R)(1-q)v/\beta}e^{(1-q)vX}\right]$$

$$= \frac{\alpha}{v}e^{-vu_0^R}\left[e^{-(1+\theta_R)(1-q)v/\beta}M_X((1-q)v) - 1\right],$$

其中, $M_X(t)$ 为 X 的矩母函数. 并且, 当 $\beta > t > 0$ 时,

$$M_X(t) = \mathbb{E}[e^{tX}] = \int_0^{+\infty} \beta e^{-\beta x} e^{tx} dx = \frac{\beta}{\beta - t}.$$

当 $\beta > v$ 时, $\beta > qv$, $\beta > (1-q)v$, 于是有

$$g_I(q) \leqslant 0 \Leftrightarrow e^{(1+\theta_R)(1-q)v/\beta}\frac{\beta}{\beta - qv} - \frac{\beta}{\beta - v} \leqslant 0;$$

$$g_R(q) \leqslant 0 \Leftrightarrow e^{-(1+\theta_R)(1-q)v/\beta}\frac{\beta}{\beta - (1-q)v} - 1 \leqslant 0.$$

因此, 可将保险人的约束条件 (4.1) 和再保险人的约束条件 (4.2) 化简为

$$\frac{\beta}{\beta - (1-q)v} \leqslant e^{(1+\theta_R)(1-q)v/\beta} \leqslant \frac{\beta - qv}{\beta - v}. \tag{4.6}$$

令 $a \triangleq \frac{(1-q)v}{\beta}$, $f_I(a) \triangleq e^{(1+\theta_R)a} - \frac{\beta a}{\beta - v} - 1$, $f_R(a) \triangleq e^{-(1+\theta_R)a} + a - 1$. 于是, $0 \leqslant a \leqslant \frac{v}{\beta}$, 并且, (4.6) 等价于 $f_I(a) \leqslant 0$ 且 $f_R(a) \leqslant 0$. 当 $\theta_R \geqslant \frac{v}{\beta - v}$ 时, 对于所有的 $a \geqslant 0$, $f_I(a)$ 均为非负, 因此, 该问题是平凡的, 即 $a \equiv 0$, $q \equiv 1$. 当 $0 < \theta_R < \frac{v}{\beta - v}$ 时, 令 a_I 和 a_R 分别为

f_I 和 f_R 的唯一的正根 (见命题 4.2.1). 于是, 约束条件 (4.6) 可化为 $0 \leqslant a \leqslant \min\left\{a_I, a_R, \dfrac{v}{\beta}\right\}$. 由于

$$f_I\left(\dfrac{v}{\beta}\right) = e^{(1+\theta_R)v/\beta} - \dfrac{\beta}{\beta-v}, \quad f_R\left(\dfrac{v}{\beta}\right) = e^{-(1+\theta_R)v/\beta} - \dfrac{\beta-v}{\beta},$$

当 $\theta_R = \dfrac{\beta}{v}\ln\dfrac{\beta}{\beta-v} - 1$ 时, 有 $f_I\left(\dfrac{v}{\beta}\right) = f_R\left(\dfrac{v}{\beta}\right) = 0$, 于是 $a_I = a_R = \dfrac{v}{\beta}$, 故有 $0 \leqslant a \leqslant \dfrac{v}{\beta}$ 且 $0 \leqslant q \leqslant 1$; 当 $0 < \theta_R < \dfrac{\beta}{v}\ln\dfrac{\beta}{\beta-v} - 1$ 时, 有 $f_I\left(\dfrac{v}{\beta}\right) < 0$, $f_R\left(\dfrac{v}{\beta}\right) > 0$, 则 $a_R < \dfrac{v}{\beta} < a_I$, 因此 $0 \leqslant a \leqslant a_R$, 即 $1 - \dfrac{\beta a_R}{v} \leqslant q \leqslant 1$; 当 $\dfrac{\beta}{v}\ln\dfrac{\beta}{\beta-v} - 1 < \theta_R < \dfrac{v}{\beta-v}$ 时, 有 $f_I\left(\dfrac{v}{\beta}\right) > 0$ 且 $f_R\left(\dfrac{v}{\beta}\right) < 0$, 于是, $a_I < \dfrac{v}{\beta} < a_R$, 故有 $0 \leqslant a \leqslant a_I$, 即 $1 - \dfrac{\beta a_I}{v} \leqslant q \leqslant 1$. ∎

注解 4.2.1 当 $\theta_R \geqslant \dfrac{v}{\beta-v}$ 时, 保险公司在再保险合约下的自留索赔风险比例为 $q \equiv 1$. 这是由于再保险保费过高, 因此, 保险公司为了避免过高的保费支出, 宁可选择不购买任何比例再保险合约.

4.3 最优比例再保险合约

本节将在五个不同的准则下讨论最优互惠比例再保险问题.

4.3.1 联合生存概率

若以最大化保险公司和再保险公司的联合生存概率为目标, 可将目标函数定义为

$$J_S(q) \triangleq \mathbb{P}\left\{qX \leqslant u_0^I + P_I(q),\ (1-q)X \leqslant u_0^R + P_R(q)\right\}.$$

令 $p \triangleq (1+\theta_R)/\beta - P_0$. 于是, 联合生存概率 $J_S(q)$ 的表达式由以下引理给出.

引理 4.3.1 保险公司和再保险公司的联合生存概率如下:

(i) 当 $q=0$ 时, $J_S(0) = \begin{cases} 0, & u_0^I < p, \\ 1 - e^{-\beta(u_0^R + (1+\theta_R)/\beta)}, & u_0^I \geqslant p; \end{cases}$

(ii) 当 $0 < q < 1$ 时, 联合生存概率为

$$J_S(q) = \begin{cases} 1 - e^{-\beta((u_0^I - p)/q + (1+\theta_R)/\beta)}, \\ \qquad u_0^I > p \text{ 且 } q_0 \leqslant q < 1 \text{ 或 } u_0^I \leqslant p, \\ 1 - e^{-\beta(u_0^R/(1-q) + (1+\theta_R)/\beta)}, \ u_0^I > p \text{ 且 } 0 < q < q_0, \end{cases}$$

其中

$$q_0 = \frac{u_0^I - p}{u_0^I + u_0^R - p};$$

(iii) 当 $q=1$ 时, 联合生存概率为 $J_S(1) = 1 - e^{-\beta(u_0^I + P_0)}$.

证明 在比例再保险 q 下, 保险公司和再保险公司的联合生存概率为

$$J_S(q) = \mathbb{P}\left\{qX \leqslant u_0^I + P_0 - \frac{(1+\theta_R)(1-q)}{\beta}, \right.$$
$$\left. (1-q)X \leqslant u_0^R + \frac{(1+\theta_R)(1-q)}{\beta}\right\}.$$

因此,

(i) 当 $q = 0$ 时,

$$J_S(0) = \mathbb{P}\left\{0 \leqslant u_0^I + P_0 - (1+\theta_R)/\beta, \ X \leqslant u_0^R + (1+\theta_R)/\beta\right\}$$
$$= \begin{cases} 0, & u_0^I < (1+\theta_R)/\beta - P_0, \\ G(u_0^R + (1+\theta_R)/\beta), & u_0^I \geqslant (1+\theta_R)/\beta - P_0 \end{cases}$$

4.3 最优比例再保险合约

$$= \begin{cases} 0, & u_0^I < p, \\ 1 - e^{-\beta(u_0^R + (1+\theta_R)/\beta)}, & u_0^I \geqslant p. \end{cases}$$

(ii) 当 $0 < q < 1$ 时，有

$$J_S(q) = \mathbb{P}\left\{X \leqslant \frac{1+\theta_R}{\beta} + \frac{u_0^I + P_0 - (1+\theta_R)/\beta}{q}, X \leqslant \frac{1+\theta_R}{\beta} + \frac{u_0^R}{1-q}\right\}$$

$$= G\left(\frac{1+\theta_R}{\beta} + \min\left\{\frac{u_0^I - p}{q}, \frac{u_0^R}{1-q}\right\}\right).$$

于是，如果 $u_0^I > p$ 且 $0 < q < q_0$，有 $(u_0^I - p)/q > u_0^R/(1-q)$，故 $J_S(q) = G((1+\theta_R)/\beta + u_0^R/(1-q)) = 1 - e^{-\beta(u_0^R/(1-q) + (1+\theta_R)/\beta)}$. 另外，如果 $u_0^I > p$ 且 $q_0 \leqslant q < 1$，抑或 $u_0^I \leqslant p$，有 $J_S(q) = G((1+\theta_R)/\beta + (u_0^I - p)/q) = 1 - e^{-\beta((u_0^I - p)/q + (1+\theta_R)/\beta)}$.

(iii) 当 $q = 1$ 时，$J_S(1) = \mathbb{P}\{X \leqslant u_0^I + P_0, 0 \leqslant u_0^R\}$. 由于 $u_0^R > 0$，故 $J_S(1) = \mathbb{P}\{X \leqslant u_0^I + P_0\} = G(u_0^I + P_0) = 1 - e^{-\beta(u_0^I + P_0)}$. ∎

令 $A \triangleq vu_0^R$，$B \triangleq \beta(u_0^I + u_0^R + P_0)$. 令 $\overline{B}(A)$ 表示函数 $l(x) = \ln x - x + A + 1$ 较大的一个实根，x_I 为 $h_I(x) = e^x - \dfrac{\beta(x+A)}{B(\beta-v)} - 1$ 唯一的正实根，$\underline{x}_R$ 为 $h_R(x) = e^{-x} + \dfrac{x+A}{B} - 1$ 较小的一个实根. 接下来，我们将推导比例再保险合同下保险公司的最优自留风险比例.

定理 4.3.1 最优比例再保险策略和相应的保险公司与再保险公司的最大联合生存概率如下：

若 $u_0^I < p$，最优比例再保险自留风险比例 $q^* = 1$，并且，相应的最大联合生存概率为 $\max J_S(q) = 1 - e^{-\beta(u_0^I + P_0)}$.

若 $u_0^I = p$，当 $\theta_R = \dfrac{\beta}{v}\ln\dfrac{\beta}{\beta-v} - 1$ 时，$q^* = 0$ 且 $\max J_S(q) = 1 - e^{-\beta[u_0^R + (1+\theta_R)/\beta]}$；当 $\theta_R \neq \dfrac{\beta}{v}\ln\dfrac{\beta}{\beta-v} - 1$ 时，购买比例再保险不能提

高合约双方的联合生存概率, 且联合生存概率 $J_S(q) \equiv 1 - e^{-(1+\theta_R)}$.

若 $u_0^I > p$, 有

(i) 当 $\theta_R \geqslant \dfrac{v}{\beta - v}$ 时, 最优比例再保险策略为 $q^* = 1$, 并且, $\max J_S(q) = 1 - e^{-\beta(u_0^I + P_0)}$.

(ii) 当 $\dfrac{Bx_I}{A + x_I} - 1 < \theta_R < \dfrac{v}{\beta - v}$ 时, 最优自留风险比例为 $q^* = 1 - \dfrac{\beta a_I}{v}$, 对应的保险公司和再保险公司的联合生存概率为

$$\max J_S(q) = 1 - e^{-\beta\left(\frac{u_0^I - p}{1 - \beta a_I/v} + \frac{1+\theta_I}{\beta}\right)}.$$

(iii) 当 $0 < \theta_R \leqslant \dfrac{Bx_I}{A + x_I} - 1$ 时, (a) 如果 $B > \overline{B}(A)$, 当 $0 < \theta_R < \dfrac{B\underline{x}_R}{A + \underline{x}_R} - 1$ 时, 其中, $\underline{x}_R$ 为 $h_R(x) = e^{-x} + \dfrac{x + A}{B} - 1$ 较小的一个实根, 我们有 $q^* = 1 - \dfrac{\beta a_R}{v}$, 且 $\max J_S(q) = 1 - e^{-\beta\left(\frac{u_0^I - p}{1 - \beta a_R/v} + \frac{1+\theta_R}{\beta}\right)}$; 当 $\dfrac{B\underline{x}_R}{A + \underline{x}_R} - 1 \leqslant \theta_R \leqslant \dfrac{Bx_I}{A + x_I} - 1$ 时, $q^* = q_0$ 且 $\max J_S(q) = 1 - e^{-\beta(u_0^I + u_0^R + P_0)}$. (b) 如果 $B \leqslant \overline{B}(A)$, 当 $0 < \theta_R < \dfrac{\beta}{v} \ln \dfrac{\beta}{\beta - v} - 1$ 时, $q^* = 1 - \dfrac{\beta a_R}{v}$; 当 $\dfrac{\beta}{v} \ln \dfrac{\beta}{\beta - v} - 1 \leqslant \theta_R \leqslant \dfrac{Bx_I}{A + x_I} - 1$ 时, $q^* = q_0$.

在证明这个定理之前, 首先证明下面的引理.

引理 4.3.2 函数 h_I 和 h_R 的性质如下:

(i) 函数 $h_I(x) = e^x - \dfrac{\beta(A + x)}{B(\beta - v)} - 1$ 存在唯一一个正根 x_I. 并且, 当 $0 < x \leqslant x_I$ 时, $h_I(x) \leqslant 0$; 当 $x > x_I$ 时, $h_I(x)$ 取值为正.

(ii) 函数 $l(x) = \ln x - x + A + 1$ 有且仅有两个实根, 分别记作 $\underline{B}(A)$ 和 $\bar{B}(A)$, 并且满足 $0 < \underline{B}(A) < 1 < \bar{B}(A)$. 当 $1 < B \leqslant \bar{B}(A)$ 时, 对于 $x > 0$, $h_R(x)$ 始终非负. 当 $B > \bar{B}(A)$ 时, $h_R(x)$ 有且仅有两个正根 $\underline{x}_R$

和 $\bar{x}_R$ ($\underline{x}_R < \bar{x}_R$). 并且, $h_R(x) < 0$ 当且仅当 $\underline{x}_R < x < \bar{x}_R$.

证明 由函数 $h_I(x)$ 的表达式可知, 其一阶导数为 $h_I'(x) = e^x - \dfrac{\beta}{B(\beta-v)}$. 当 $x < \ln \dfrac{\beta}{B(\beta-v)}$ 时, $h_I'(x) < 0$, 故 $h_I(x)$ 是关于变量 x 的严格单调减函数; 当 $x > \ln \dfrac{\beta}{B(\beta-v)}$ 时, $h_I'(x) > 0$, 故 $h_I(x)$ 关于 x 严格单调递增. 由于 $h_I(0) = -\dfrac{\beta A}{B(\beta-v)} < 0$ 且 $h_I(+\infty) = +\infty$, 函数 $h_I(x)$ 存在唯一的正根, 记为 x_I. 并且, 当 $0 < x \leqslant x_I$ 时, $h_I(x) \leqslant 0$; 当 $x > x_I$ 时, $h_I(x) > 0$.

接下来, 证明 (ii). 对于 $l(x)$ 求导函数得到 $l'(x) = \dfrac{1}{x} - 1$, 因此, 当 $0 < x < 1$ 时, $l(x)$ 关于 x 单调递增; 当 $x > 1$ 时, $l(x)$ 关于 x 单调递减. 由于 $\lim_{x \to 0+} l(x) = -\infty$, $l(1) = A > 0$, $l(+\infty) = -\infty$, 故函数 $l(x) = \ln x - x + A + 1$ 有且仅有两个实根, 分别记作 $\underline{B}(A)$ 和 $\bar{B}(A)$, 并假设它们满足 $0 < \underline{B}(A) < 1 < \bar{B}(A)$. 并且, $l(x) \geqslant 0$ 当且仅当 $\underline{B}(A) \leqslant x \leqslant \bar{B}(A)$. 对于函数 $h_R(x)$, 有 $h_R'(x) = -e^{-x} + \dfrac{1}{B}$. 因此, 当 $0 < x < \ln B$ 时, $h_R(x)$ 随 x 单调递减; 当 $x > \ln B$ 时, 随 x 单调递减. 并且, $h_R(x)$ 的最小值为 $h_R(\ln B) = \dfrac{\ln B - B + A + 1}{B}$. 如果 $1 < B \leqslant \bar{B}(A)$, 有 $l(B) \geqslant 0$, 于是, $h_R(\ln B) \geqslant 0$, 因此, 当 $x > 0$ 时, $h_R(x)$ 始终非负. 如果 $B > \bar{B}(A)$, 则有 $h_R(\ln B) < 0$. 由于 $h_R(0) = \dfrac{A}{B} > 0$ 且 $h_R(+\infty) = +\infty$, 故 $h_R(x)$ 有且仅有两个实根 $\underline{x}_R$ 和 $\bar{x}_R$ ($\underline{x}_R < \bar{x}_R$). 并且, $h_R(x) < 0$ 当且仅当 $\underline{x}_R < x < \bar{x}_R$. ∎

下面证明定理 4.3.1.

证明 若 $u_0^I < p$, 由引理 4.3.1 可知, $J_S(0) = 0$; 当 $0 < q \leqslant 1$ 时,

$$J_S(q) = 1 - e^{-\beta[(u_0^I - p)/q + (1+\theta_R)/\beta]}.$$

并且, $J_S(q)$ 关于变量 q 单调递增. 因此, $J_S(q)$ 的最大值点为 $q^* = 1$, 即保险公司不购买再保险, 此时, 相应的保险公司和再保险公司的最大联合生存概率为

$$\max J_S(q) = J_S(1) = 1 - e^{-\beta[u_0^I - p + (1+\theta_R)/\beta]} = 1 - e^{-\beta(u_0^I + P_0)}.$$

若 $u_0^I = p$, 则 $J_S(0) = 1 - e^{-\beta[u_0^R + (1+\theta_R)/\beta]}$; 对于 $0 < q \leqslant 1$,

$$J_S(q) = 1 - e^{-\beta(u_0^I - p)/q + (1+\theta_R)} \equiv 1 - e^{-(1+\theta_R)}.$$

由引理 4.2.1 的结论可得: 如果 $\theta_R = \dfrac{\beta}{v} \ln \dfrac{\beta}{\beta - v} - 1$, 则 $q \in [0, 1]$, 故比例再保险的最优自留比例为 $q^* = 0$, 即全额再保险, 相应的最大联合生存概率为

$$\max J_S(q) = J_S(0) = 1 - e^{-\beta[u_0^R + (1+\theta_R)/\beta]};$$

如果 $\theta_R \neq \dfrac{\beta}{v} \ln \dfrac{\beta}{\beta - v} - 1$, 则 $0 < 1 - \min\{a_I, a_R\}\beta/v \leqslant q \leqslant 1$ 或者 $q \equiv 1$. 因此,

$$J_S(q) \equiv 1 - e^{-(1+\theta_R)}.$$

每个满足效用不减约束条件的自留风险比例均为最优策略. 在这种情形下, 购买比例再保险不能提高保险公司和再保险公司的联合生存概率.

若 $u_0^I > p$, 当 $0 \leqslant q < q_0$ 时,

$$J_S(q) = 1 - e^{-\beta[u_0^R/(1-q) + (1+\theta_R)/\beta]}$$

关于 q 单调递增; 而当 $q_0 \leqslant q \leqslant 1$ 时,

$$J_S(q) = 1 - e^{-\beta[(u_0^I - p)/q + (1+\theta_R)/\beta]}$$

关于 q 单调递减, 并且, $J_S(q)$ 在 $q = q_0$ 连续. 于是, 由引理 4.2.1 的结论可得:

(i) 当 $0 < \theta_R < \dfrac{\beta}{v} \ln \dfrac{\beta}{\beta - v} - 1$ 时, 保险公司的自留风险比例需满足 $1 - \dfrac{\beta a_R}{v} \leqslant q \leqslant 1$. 因此, $J_S(q)$ 的最大值点为

$$q^* = \max\left\{1 - \dfrac{\beta a_R}{v}, q_0\right\},$$

并且

$$q^* = 1 - \dfrac{\beta a_R}{v} \Leftrightarrow q_0 < 1 - \dfrac{\beta a_R}{v}$$
$$\Leftrightarrow a_R < (1-q_0)v/\beta \Leftrightarrow f_R((1-q_0)v/\beta) > 0.$$

考虑到

$$f_R\left(\dfrac{(1-q_0)v}{\beta}\right) = e^{-\dfrac{vu_0^R(1+\theta_R)}{\beta(u_0^I + u_0^R + P_0) - (1+\theta_R)}}$$
$$+ \dfrac{vu_0^R}{\beta(u_0^I + u_0^R + P_0) - (1+\theta_R)} - 1,$$

令 $x \triangleq \dfrac{(1+\theta_R)A}{B - (1+\theta_R)}$, 则 $f_R((1-q_0)v/\beta) = h_R(x)$. 对于函数 $h_R(x)$, 其最小值点为 $x^* = \ln B$, 且最小值为 $h_R(x^*) = (\ln B - B + A + 1)/B = l(B)/B$. 函数 $l(x)$ 的两个正根分别记为 $\underline{B}(A)$ 和 $\overline{B}(A)$, 并且满足 $0 < \underline{B}(A) < 1 < \overline{B}(A)$. 由于 $u_0^I > p$, 有 $B > 1 + \theta_R + \beta A/v > 1 + \theta_R$. 于是,

(a) 如果 $B \leqslant \overline{B}(A)$, 则有 $l(B) \geqslant 0$, $h_R(x) \geqslant h_R(x^*) = l(B)/B \geqslant 0$, 即 $f_R((1-q_0)v/\beta) \geqslant 0$. 因此, $q^* = 1 - \dfrac{\beta a_R}{v}$ 且

$$\max J_S(q) = J_S(q^*) = 1 - e^{-\beta\left(\dfrac{u_0^I - p}{1 - \beta a_R/v} + \dfrac{1+\theta_R}{\beta}\right)}.$$

(b) 如果 $B > \overline{B}(A)$, 令 $\underline{x}_R$ 和 $\overline{x}_R$ ($\underline{x}_R < \overline{x}_R$) 为函数 $h_R(x)$ 的两

个根 (见引理 4.3.2). 当 $0 < x < \underline{x}_R$ 时, 即 $0 < \theta_R < \dfrac{B\underline{x}_R}{A + \underline{x}_R} - 1$, 有 $h_R(x) > 0$, 故 $q^* = 1 - \dfrac{\beta a_R}{v}$; 当 $\dfrac{B\underline{x}_R}{A + \underline{x}_R} - 1 \leqslant \theta_R < \dfrac{\beta}{v} \ln \dfrac{\beta}{\beta - v} - 1$ 时, 有 $\underline{x}_R \leqslant x < \overline{x}_R$, 故 $q^* = q_0$, 并且

$$\max J_S(q) = 1 - e^{-\beta(u_0^I + u_0^R + P_0)}.$$

(ii) 当 $\theta_R = \dfrac{\beta}{v} \ln \dfrac{\beta}{\beta - v} - 1$ 时, 保险公司在比例再保险合约下的可选自留风险比例 $q \in [0, 1]$, 故最优比例再保险策略为 $q^* = q_0$.

(iii) 当 $\dfrac{\beta}{v} \ln \dfrac{\beta}{\beta - v} - 1 < \theta_R < \dfrac{v}{\beta - v}$ 时, 自留风险比例满足 $1 - \dfrac{\beta a_I}{v} \leqslant q \leqslant 1$. 因此, $J_1(q)$ 的最大值点为

$$q^* = \max\left\{1 - \dfrac{\beta a_I}{v}, q_0\right\},$$

并且

$$q^* = 1 - \dfrac{\beta a_I}{v} \Leftrightarrow f_I((1 - q_0)v/\beta) > 0.$$

考虑到

$$\begin{aligned} f_I\left(\dfrac{(1 - q_0)v}{\beta}\right) &= e^{\frac{(1+\theta_R)A}{B-(1+\theta_R)}} - \dfrac{\beta A}{(\beta - v)[B - (1 + \theta_R)]} - 1 \\ &= e^x - \dfrac{\beta(A + x)}{B(\beta - v)} - 1 \triangleq h_I(x) \end{aligned}$$

和

$$B = \beta(u_0^I + u_0^R + P_0) > \beta(p + u_0^R + P_0) = \beta\left(\dfrac{1 + \theta_R}{\beta} + u_0^R\right) > 1 + \theta_R,$$

有 $x = \dfrac{A(1 + \theta_R)}{B - (1 + \theta_R)} > 0$. 由引理 4.3.2 (i) 可知, 当 $0 < x < x_I$ 时, $h_I(x) < 0$; 当 $x > x_I$ 时, $h_I(x) > 0$, 其中, x_I 为 $h_I(x) = 0$ 的唯一正

根. 因此, 当 $\frac{\beta}{v}\ln\frac{\beta}{\beta-v} - 1 < \theta_R \leqslant \frac{Bx_I}{A+x_I} - 1$ 时, 有 $0 < x \leqslant x_I$, 于是 $h_I(x) \leqslant 0$, 故 $q^* = q_0$; 当 $\frac{Bx_I}{A+x_I} - 1 < \theta_R < \frac{v}{\beta-v}$ 时, 则有 $x > x_I$, 于是 $h_I(x) > 0$, 故 $q^* = 1 - \frac{\beta a_I}{v}$, 并且 $\max J_S(q) = J_S(q^*) = 1 - e^{-\beta\left(\frac{u_0^I - p}{1-\beta a_I/v} + \frac{1+\theta_I}{\beta}\right)}$.

(iv) 当 $\theta_R \geqslant \frac{v}{\beta-v}$ 时, 研究的模型是一个平凡问题, 即 $q \equiv 1$ 且 $J_S(q) \equiv 1 - e^{-\beta(u_0^I + P_0)}$. ∎

4.3.2 方差

本小节在最小化保险公司和再保险公司各自风险暴露的方差的总和这一目标下研究最优比例再保险策略. 此时, 优化问题 (4.4) 中的 J 代表方差. 于是, 我们的目标函数为

$$\begin{aligned} J_1(q) &\triangleq \mathrm{Var}(qX - P_I(q)) + \mathrm{Var}((1-q)X - P_R(q)) \\ &= \mathrm{Var}\left(qX - P_0 + \frac{(1+\theta_R)(1-q)}{\beta}\right) \\ &\quad + \mathrm{Var}\left((1-q)X - \frac{(1+\theta_R)(1-q)}{\beta}\right) \\ &= \mathrm{Var}(qX) + \mathrm{Var}((1-q)X) \\ &= q^2 \mathrm{Var}X + (1-q)^2 \mathrm{Var}X \\ &= (2q^2 - 2q + 1)\sigma^2. \end{aligned} \tag{4.7}$$

使得 $J_1(q)$ 最小的比例再保险策略和相应的最小总方差如下.

定理 4.3.2 使得保险公司和再保险公司的方差总和最小的保险公司最优自留风险比例和相应的最小总方差如下:

(i) 当 $0 < \theta_R < \frac{2\beta}{v}\ln\frac{2\beta}{2\beta-v} - 1$ 时, 保险公司的最优自留风险

比例为 $q^* = 1 - \dfrac{\beta a_R}{v}$, 最小总方差为 $\min J_1(q) = J_1\left(1 - \dfrac{\beta a_R}{v}\right) = \left[2\left(\dfrac{\beta a_R}{v} - \dfrac{1}{2}\right)^2 + \dfrac{1}{2}\right]\sigma^2$;

(ii) 当 $\dfrac{2\beta}{v}\ln\dfrac{2\beta}{2\beta-v} - 1 \leqslant \theta_R \leqslant \dfrac{2\beta}{v}\ln\dfrac{2\beta-v}{2(\beta-v)} - 1$ 时, 最优再保险策略为 $q^* = \dfrac{1}{2}$, 最小总方差为 $\min J_1 = J_1\left(\dfrac{1}{2}\right) = \dfrac{\sigma^2}{2}$;

(iii) 当 $\dfrac{2\beta}{v}\ln\dfrac{2\beta-v}{2(\beta-v)} - 1 < \theta_R < \dfrac{v}{\beta-v}$ 时, 最优再保险策略为 $q^* = 1 - \dfrac{\beta a_I}{v}$, 最小总方差为 $\min J_1 = J_1\left(1 - \dfrac{\beta a_I}{v}\right) = \left[2\left(\dfrac{\beta a_I}{v} - \dfrac{1}{2}\right)^2 + \dfrac{1}{2}\right]\sigma^2$;

(iv) 当 $\theta_R \geqslant \dfrac{v}{\beta-v}$ 时, 最优再保险策略为 $q^* = 1$, 即保险公司不购买再保险, 最小总方差为 $\min J_1 = J_1(1) = \sigma^2$.

证明 由引理 4.2.1 可知

(i) 当 $0 < \theta_R < \dfrac{\beta}{v}\ln\dfrac{\beta}{\beta-v} - 1$ 时, 比例再保险合约下保险公司的自留风险比例需满足 $1 - \dfrac{\beta a_R}{v} \leqslant q \leqslant 1$. 所以, $J_1(q)$ 的最小值点为

$$q^* = \max\left\{1 - \dfrac{\beta a_R}{v}, \dfrac{1}{2}\right\}.$$

于是, 对于 $a_R = \dfrac{v}{2\beta}$, $q = \dfrac{1}{2}$, 并且 $f_R\left(\dfrac{v}{2\beta}\right) = e^{-(1+\theta_R)v/(2\beta)} - \dfrac{2\beta-v}{2\beta}$.

(a) 当 $0 < \theta_R < \dfrac{2\beta}{v}\ln\dfrac{2\beta}{2\beta-v} - 1$ 时, 有 $f_R\left(\dfrac{v}{2\beta}\right) > 0$, 故 $a_R < \dfrac{v}{2\beta}$, 即 $1 - \dfrac{\beta a_R}{v} > \dfrac{1}{2}$. 因此, $q^* = 1 - \dfrac{\beta a_R}{v}$. 最优比例再保险策略 q^* 代入目

标函数 (4.7), 得到最小总方差为

$$\min J_1(q) = J_1\left(1 - \frac{\beta a_R}{v}\right) = \left[2\left(\frac{\beta a_R}{v} - \frac{1}{2}\right)^2 + \frac{1}{2}\right]\sigma^2.$$

(b) 当 $\dfrac{2\beta}{v}\ln\dfrac{2\beta}{2\beta - v} - 1 \leqslant \theta_R < \dfrac{\beta}{v}\ln\dfrac{\beta}{\beta - v} - 1$ 时, 有 $f_R\left(\dfrac{v}{2\beta}\right) \leqslant 0$, 于是, $1 - \dfrac{\beta a_R}{v} \leqslant \dfrac{1}{2}$. 则有

$$q^* = \frac{1}{2}, \quad \min J_1 = \frac{\sigma^2}{2}.$$

(ii) 当 $\theta_R = \dfrac{\beta}{v}\ln\dfrac{\beta}{\beta - v} - 1$ 时, 有 $0 \leqslant q \leqslant 1$. 所以, 保险公司和再保险公司风险暴露的总方差在自留风险比例 $q^* = \dfrac{1}{2}$ 时最小, 并且最小总方差为 $J_1\left(\dfrac{1}{2}\right) = \dfrac{\sigma^2}{2}$.

(iii) 当 $\dfrac{\beta}{v}\ln\dfrac{\beta}{\beta - v} - 1 < \theta_R < \dfrac{v}{\beta - v}$ 时, 比例再保险策略需要满足 $1 - \dfrac{\beta a_I}{v} \leqslant q \leqslant 1$. 因此, $J_1(q)$ 的最小值点为

$$q^* = \max\left\{1 - \frac{\beta a_I}{v}, \frac{1}{2}\right\}.$$

(a) 当 $\dfrac{\beta}{v}\ln\dfrac{\beta}{\beta - v} - 1 < \theta_R \leqslant \dfrac{2\beta}{v}\ln\dfrac{2\beta - v}{2(\beta - v)} - 1$ 时, 有 $f_I\left(\dfrac{v}{2\beta}\right) = e^{(1+\theta_R)v/(2\beta)} - \dfrac{2\beta - v}{2(\beta - v)} \leqslant 0$, 故 $a_I \geqslant \dfrac{v}{2\beta}$, 即 $1 - \dfrac{\beta a_I}{v} \leqslant \dfrac{1}{2}$. 因此

$$q^* = \frac{1}{2}, \quad \min J_1 = \frac{\sigma^2}{2}.$$

(b) 当 $\dfrac{2\beta}{v}\ln\dfrac{2\beta - v}{2(\beta - v)} - 1 < \theta_R < \dfrac{v}{\beta - v}$ 时, 有 $f_I\left(\dfrac{v}{2\beta}\right) > 0$, 则 $a_I < \dfrac{v}{2\beta}$, $1 - \dfrac{\beta a_I}{v} > \dfrac{1}{2}$. 因此, $q^* = 1 - \dfrac{\beta a_I}{v}$. 将 q^* 代入目标函数 (4.7)

可得

$$\min J_1(q) = J_1\left(1 - \frac{\beta a_I}{v}\right) = \left[2\left(\frac{\beta a_I}{v} - \frac{1}{2}\right)^2 + \frac{1}{2}\right]\sigma^2.$$

(iv) 当 $\theta_R \geqslant \dfrac{v}{\beta - v}$ 时, 该问题为一个平凡的优化问题, 即 $q \equiv 1$, $J_1(q) \equiv \sigma^2$. 因此, 保险公司将选择不进入再保险市场购买合约, 即保险公司的最优自留风险比例 $q^* = 1$. ∎

定理 4.3.2 的结论表明, 当再保险的价格过低 $\left(\theta_R < \dfrac{2\beta}{v}\ln\dfrac{2\beta}{2\beta-v} - 1\right)$ 或者过高 $\left(\theta_R > \dfrac{2\beta}{v}\ln\dfrac{2\beta-v}{2(\beta-v)} - 1\right)$ 时, 最优互惠比例再保险下保险公司的自留风险比例都将大于 1/2. 这与 "保费偏高时保险公司倾向于减少再保险的购买、保费偏低时再保险公司倾向于减少再保险的销售" 这一理性选择一致.

4.3.3 风险价值

风险价值 (Value-at-Risk, VaR) 是在给定的时间范围和给定的置信度下的最大期望损失. 它是金融机构和监管部门在设定偿付能力准备金要求时最常使用的一个风险度量. 在置信度 $1-\gamma$, $0 < \gamma < 1$ (比如 $\gamma = 0.5\%$) 下, 损失对应的随机变量 Y 的风险价值定义为

$$\text{VaR}_\gamma(Y) = \inf\{L : \mathbb{P}(Y > L) \leqslant \gamma\}. \tag{4.8}$$

本小节把最小化保险公司的风险暴露在置信度 $1 - \alpha_I$ 下的风险价值和再保险公司的风险暴露在置信度 $1 - \alpha_R$ 下的风险价值的和作为优化目标, 此时, 目标函数 (4.4) 为

$$J_2(q) = \text{VaR}_{\alpha_I}[qX - P_I(q)] + \text{VaR}_{\alpha_R}[(1-q)X - P_R(q)]$$

4.3 最优比例再保险合约

$$= \text{VaR}_{\alpha_I}(qX) - P_0 + \frac{(1+\theta_R)(1-q)}{\beta}$$
$$+ \text{VaR}_{\alpha_R}((1-q)X) - \frac{(1+\theta_R)(1-q)}{\beta}$$
$$= \text{VaR}_{\alpha_I}(qX) + \text{VaR}_{\alpha_R}((1-q)X) - P_0.$$

当 $0 < q < 1$ 时, 由定义 (4.8) 可得

$$\text{VaR}_{\alpha_I}(qX) = \inf\{L : \mathbb{P}(qX > L) \leqslant \alpha_I\} = \inf\{L : \mathbb{P}(X > L/q) \leqslant \alpha_I\}$$
$$= \inf\{L : e^{-\beta L/q} \leqslant \alpha_I\} = -q \ln \alpha_I / \beta. \tag{4.9}$$

类似地, 有 $\text{VaR}_{\alpha_R}[(1-q)X] = -(1-q)\ln\alpha_R/\beta$, 于是

$$J_2(q) = \frac{q(\ln\alpha_R - \ln\alpha_I)}{\beta} - \frac{\ln\alpha_R}{\beta} - P_0. \tag{4.10}$$

注解 4.3.1 当 $q = 0$ 时, 有 $J_2(q) = \text{VaR}_{\alpha_R}(X) - P_0 = -\ln\alpha_R/\beta - P_0$; 当 $q = 1$ 时, 有 $J_2(q) = \text{VaR}_{\alpha_I}(X) - P_0 = -\ln\alpha_I/\beta - P_0$. 因此, 表达式 (4.10) 对于任意的 $q \in [0,1]$ 均成立.

在下面的定理中, 将推导使得保险公司和再保险公司的总风险价值最小的比例再保险策略和对应的最小总风险价值.

定理 4.3.3 使得保险公司和再保险公司的风险价值之和最小的保险公司自留风险比例以及最小总风险价值如下:

若 $\alpha_I > \alpha_R$, 总风险价值在不购买再保险时达到最小, 即保险公司的最优自留风险比例为 $q^* = 1$. 此时的最小总风险价值为 $\min J_2(q) = -\ln\alpha_I/\beta - P_0$.

若 $\alpha_I = \alpha_R$, $J_2(q) \equiv -\ln\alpha_I/\beta - P_0$, 比例再保险决策不影响保险公司和再保险公司各自风险暴露的总风险价值.

若 $\alpha_I < \alpha_R$, 最优比例再保险和相应的最小总风险价值如下:

(i) 当 $0 < \theta_R < \dfrac{\beta}{v}\ln\dfrac{\beta}{\beta-v} - 1$ 时, 最优自留风险比例为 $q^* = 1 - \dfrac{\beta a_R}{v}$, 最小总风险价值为 $\min J_2(q) = -\dfrac{\ln \alpha_I}{\beta} - \dfrac{(\ln \alpha_R - \ln \alpha_I)a_R}{v} - P_0$;

(ii) 当 $\theta_R = \dfrac{\beta}{v}\ln\dfrac{\beta}{\beta-v} - 1$ 时, $q^* = 0$, $\min J_2(q) = -\dfrac{\ln \alpha_R}{\beta} - P_0$;

(iii) 当 $\dfrac{\beta}{v}\ln\dfrac{\beta}{\beta-v} - 1 < \theta_R < \dfrac{v}{\beta-v}$ 时, $q^* = 1 - \dfrac{\beta a_I}{v}$, $\min J_2(q) = -\dfrac{\ln \alpha_I}{\beta} - \dfrac{(\ln \alpha_R - \ln \alpha_I)a_I}{v} - P_0$;

(iv) 当 $\theta_R \geqslant \dfrac{v}{\beta-v}$ 时, $q^* = 1$, $\min J_2(q) = -\dfrac{\ln \alpha_I}{\beta} - P_0$.

证明 对于 $\alpha_I > \alpha_R$, 有 $\ln \alpha_I > \ln \alpha_R$, 于是, $J_2(q)$ 关于 q 单调递减. 因此, $J_2(q)$ 的最小值点为自留风险比例取值范围的上界, 即 $q^* = 1$, 对应的最小值为 $\min J_2(q) = J_2(1) = -\ln \alpha_I/\beta - P_0$.

对于 $\alpha_I = \alpha_R$, $J_2(q) \equiv -\ln \alpha_I/\beta - P_0$, $\forall q \in [0,1]$. 因此, 在不考虑其他因素时, 比例再保险对于保险公司和再保险公司各自风险暴露的风险价值的总和没有影响.

对于 $\alpha_I < \alpha_R$, 有 $\ln \alpha_I < \ln \alpha_R$. 因此, $J_2(q)$ 随 q 的增大而单调递增, 故 $J_2(q)$ 的最小值点为 q 的取值范围的下界, 即最优比例再保险策略为自留风险比例的最小可能取值. 由引理 4.2.1 的结论可知:

(i) 当 $0 < \theta_R < \dfrac{\beta}{v}\ln\dfrac{\beta}{\beta-v} - 1$ 时, 比例再保险合约需满足 $1 - \beta a_R/v \leqslant q \leqslant 1$. 因此, 最优自留风险比例为 $q^* = 1 - \beta a_R/v$, 对应的最小总风险价值为

$$\min J_2(q) = J_2\left(1 - \dfrac{\beta a_R}{v}\right) = -\dfrac{\ln \alpha_I}{\beta} - \dfrac{(\ln \alpha_R - \ln \alpha_I)a_R}{v} - P_0.$$

(ii) 当 $\theta_R = \dfrac{\beta}{v}\ln\dfrac{\beta}{\beta-v} - 1$ 时, 有 $0 \leqslant q \leqslant 1$. 因此, $q^* = 0$, 即总风险

价值在保险公司将所有的索赔风险都转移给再保险公司时达到最小, 即最优比例再保险为全额再保险. 此时的最小总风险价值为

$$\min J_2(q) = -\ln\alpha_R/\beta - P_0.$$

(iii) 当 $\dfrac{\beta}{v}\ln\dfrac{\beta}{\beta-v} - 1 < \theta_R < \dfrac{v}{\beta-v}$ 时, 保险公司和再保险公司双方的效用不减约束条件要求自留风险比例满足 $1 - \beta a_I/v \leqslant q \leqslant 1$. 因此, 最优再保险策略为 $q^* = 1 - \beta a_I/v$, 最小总风险价值为

$$\min J_2(q) = J_2\left(1 - \frac{\beta a_I}{v}\right) = -\frac{\ln\alpha_I}{\beta} - \frac{(\ln\alpha_R - \ln\alpha_I)a_I}{v} - P_0.$$

(iv) 当 $\theta_R \geqslant \dfrac{v}{\beta-v}$ 时, $q \equiv 1$, 该优化问题是一个平凡问题. 故有 $q^* = 1$, $J_2(q) = -\ln\alpha_I/\beta - P_0$. ∎

4.3.4 尾部风险价值

如果极端损失出现, 风险价值监管体系下持有的准备金可能不足以应对公司的总体风险. 为研究公司可能面临的极端损失, 即公司损失过程的尾部的分布, 我们在本小节考虑尾部风险价值 (Tail Value-at-Risk, TVaR) 这一风险度量. 在置信度 $1 - \gamma$ 下, 随机变量 Y 的尾部风险价值定义为

$$\mathrm{TVaR}_\gamma(Y) = \frac{1}{\gamma}\int_0^\gamma \mathrm{VaR}_r(Y)dr. \qquad (4.11)$$

当我们选用的风险度量为尾部风险价值, 并且保险公司和再保险公司的置信度分别为 $1 - \alpha_I$ 和 $1 - \alpha_R$ 时, 目标函数 (4.4) 成为

$$\begin{aligned}J_3(q) &= \mathrm{TVaR}_{\alpha_I}(qX - P_I(q)) + \mathrm{TVaR}_{\alpha_R}((1-q)X - P_R(q)) \\ &= \mathrm{TVaR}_{\alpha_I}(qX) + \mathrm{TVaR}_{\alpha_R}((1-q)X) - P_0.\end{aligned}$$

对于 $q \in [0,1]$, 由风险价值的表达式 (4.9) 和尾部风险价值的定义 (4.11) 可得

$$\text{TVaR}_{\alpha_I}(qX) = \frac{1}{\alpha_I} \int_0^{\alpha_I} \text{VaR}_r(qX) dr = \frac{1}{\alpha_I} \int_0^{\alpha_I} -\frac{q \ln r}{\beta} dr$$
$$= -\frac{q}{\alpha_I \beta} \int_{-\infty}^{\ln \alpha_I} y e^y dy = \frac{q(1 - \ln \alpha_I)}{\beta}.$$

类似地,

$$\text{TVaR}_{\alpha_R}((1-q)X) = \frac{(1-q)(1 - \ln \alpha_R)}{\beta}.$$

于是, 得到

$$J_3(q) = \frac{q(\ln \alpha_R - \ln \alpha_I)}{\beta} - \frac{\ln \alpha_R}{\beta} + \frac{1}{\beta} - P_0. \quad (4.12)$$

最小化总尾部风险价值目标下的最优比例再保险策略由以下定理给出.

定理 4.3.4 使得保险公司和再保险公司各自风险暴露的尾部风险价值之和最小的比例再保险策略和对应的最小总尾部风险价值如下:

- 若 $\alpha_I > \alpha_R$, 总尾部风险价值在不购买比例再保险合同时达到最小, 即最优自留风险比例为 $q^* = 1$. 此时的最小总尾部风险价值为 $\min J_3(q) = (1 - \ln \alpha_I)/\beta - P_0$.

- 若 $\alpha_I = \alpha_R$, $J_3(q) \equiv (1 - \ln \alpha_I)/\beta - P_0$, 比例再保险将不影响保险公司和再保险公司的总尾部风险价值.

- 若 $\alpha_I < \alpha_R$, 最优比例再保险策略和对应的最小总尾部风险价值如下:

  (i) 当 $0 < \theta_R < \frac{\beta}{v} \ln \frac{\beta}{\beta - v} - 1$ 时, $q^* = 1 - \frac{\beta a_R}{v}$, $\min J_3(q) = \frac{1 - \ln \alpha_I}{\beta} - \frac{(\ln \alpha_R - \ln \alpha_I) a_R}{v} - P_0$;

(ii) 当 $\theta_R = \dfrac{\beta}{v}\ln\dfrac{\beta}{\beta-v} - 1$ 时, $q^* = 0$, $\min J_3(q) = \dfrac{1-\ln\alpha_R}{\beta} - P_0$;

(iii) 当 $\dfrac{\beta}{v}\ln\dfrac{\beta}{\beta-v} - 1 < \theta_R < \dfrac{v}{\beta-v}$ 时, $q^* = 1 - \dfrac{\beta a_I}{v}$, $\min J_3(q) = \dfrac{1-\ln\alpha_I}{\beta} - \dfrac{(\ln\alpha_R - \ln\alpha_I)a_I}{v} - P_0$;

(iv) 当 $\theta_R \geqslant \dfrac{v}{\beta-v}$ 时, $q^* = 1$, $\min J_3(q) = \dfrac{1-\ln\alpha_I}{\beta} - P_0$.

证明 比较目标函数 (4.10) 和 (4.12), 得到 $J_3(q) = J_2(q) + 1/\beta$. 因此, 可以通过证明定理 4.3.3 的步骤证明此定理. ∎

注解 4.3.2 令 $\hat{\alpha} = \alpha/e$, 则有 $\text{TVaR}_\alpha(X) = \text{VaR}_{\hat{\alpha}}(X)$, 即风险价值和尾部风险价值可以相互转化. 因此, 最小化保险公司和再保险公司的总尾部风险价值目标下的最优比例再保险策略等同于最小化总风险价值目标的情形.

4.3.5 一般 Dutch I 型风险度量

为能得到更好风险导向的准备金, 偿二代体制鼓励公司和监管机构采用更为复杂的风险管理工具来开发适用于公司实际业务的内部准备金模型. 本小节将介绍一个适用于最优互惠再保险的内部模型, 模型中的目标函数基于 Cai 和 Mao (2013) 提出的一般 Dutch I 型风险度量. 具体来讲, 我们分别将保险公司和再保险公司财富的期望当作其风险的基准值, 并且将尾部风险价值选作高于基准值的损失的风险度量, 即 $\rho(Z) = \mathbb{E}[Z] + t\text{TVaR}_\alpha((Z - \mathbb{E}[Z])_+), 0 < t \leqslant 1$. 对于保险人和再保险人的尾部风险价值, 选择的置信度分别为 $1 - \alpha_I$ 和 $1 - \alpha_R$. 于是, 目标函数 (4.4) 成为

$$J_4(q) = \rho(qX - P_I(q)) + \rho((1-q)X - P_R(q))$$

$$= \rho\left(qX - P_0 + \frac{(1-\theta_R)(1-q)}{\beta}\right)$$

$$+ \rho\left((1-q)X - \frac{(1-\theta_R)(1-q)}{\beta}\right)$$

$$= t\mathrm{TVaR}_{\alpha_I}\left(\left(qX - \frac{q}{\beta}\right)_+\right)$$

$$+ t\mathrm{TVaR}_{\alpha_R}\left(\left((1-q)X - \frac{1-q}{\beta}\right)_+\right)$$

$$+ \frac{1}{\beta} - P_0.$$

令 $Y \triangleq (qX - q/\beta)_+$, 对于 $0 < q \leqslant 1$, 有 $\mathbb{P}(Y=0) = \mathbb{P}(qX - q/\beta \leqslant 0) = \mathbb{P}(X \leqslant 1/\beta) = 1 - 1/e$. 当 $y > 0$ 时, $F(y) = \mathbb{P}(qX - q/\beta \leqslant y) = 1 - e^{-\beta y/q - 1}$. 于是, 得到

$$\mathrm{VaR}_{\alpha_I}(Y) = \inf\{L : \mathbb{P}(Y > L) \leqslant \alpha_I\}$$
$$= \begin{cases} -\dfrac{q(1+\ln\alpha_I)}{\beta}, & 0 < \alpha_I < \dfrac{1}{e}, \\ 0, & \dfrac{1}{e} \leqslant \alpha_I < 1. \end{cases}$$

$$\mathrm{TVaR}_{\alpha_I}(Y) = \frac{1}{\alpha_I}\int_0^{\alpha_I} \mathrm{VaR}_r(Y)dr$$
$$= \begin{cases} -\dfrac{q\ln\alpha_I}{\beta}, & 0 < \alpha_I < \dfrac{1}{e}, \\ \dfrac{q}{\alpha_I\beta e}, & \dfrac{1}{e} \leqslant \alpha_I < 1. \end{cases} \quad (4.13)$$

对于 $q = 0$, 有 $Y \equiv 0$, $\mathrm{TVaR}_{\alpha_I}(Y) = 0$. 所以, (4.13) 对于任意的 $q \in [0,1]$ 都成立. 相同地, 对于任意的 $q \in [0,1]$, 有

$$\mathrm{TVaR}_{\alpha_R}\left(\left((1-q)X - \frac{1-q}{\beta}\right)_+\right) = \begin{cases} -\dfrac{(1-q)\ln\alpha_R}{\beta}, & 0 < \alpha_R < \dfrac{1}{e}, \\ \dfrac{1-q}{\alpha_R\beta e}, & \dfrac{1}{e} \leqslant \alpha_R < 1. \end{cases}$$

4.3 最优比例再保险合约

下面的定理推导了最小化保险公司和再保险公司的总 Dutch I 型风险度量目标下的最优比例再保险策略和相应的最小总风险度量.

定理 4.3.5 最优比例再保险下保险公司的自留风险比例和最小总 Dutch I 型风险度量如下:

- 若 $\alpha_I = \alpha_R$, 总风险度量

$$J_4(q) \equiv \begin{cases} \dfrac{1-t\ln\alpha_I}{\beta} - P_0, & \alpha_I < \dfrac{1}{e}, \\ \dfrac{t}{\alpha_I\beta e} + \dfrac{1}{\beta} - P_0, & \dfrac{1}{e} \leqslant \alpha_I < 1 \end{cases} \quad (4.14)$$

关于比例再保险策略 q 是一个常数, 即比例再保险不影响保险公司和再保险公司的总 Dutch I 型风险度量.

- 若 $\alpha_I > \alpha_R$, 总 Dutch I 型风险度量在不购买比例再保险时最小, 即最优比例再保险为 $q^* = 1$. 最小总风险度量 $\min J_4(q)$ 由表达式 (4.14) 给出.

- 若 $\alpha_I < \alpha_R$, 保险公司的最优自留风险比例为

$$q^* = \begin{cases} 1 - \dfrac{\beta a_R}{v}, & 0 < \theta_R < \dfrac{\beta}{v}\ln\dfrac{\beta}{\beta-v} - 1, \\ 0, & \theta_R = \dfrac{\beta}{v}\ln\dfrac{\beta}{\beta-v} - 1, \\ 1 - \dfrac{\beta a_I}{v}, & \dfrac{\beta}{v}\ln\dfrac{\beta}{\beta-v} - 1 < \theta_R < \dfrac{v}{\beta-v}, \\ 1, & \theta_R \geqslant \dfrac{v}{\beta-v}. \end{cases}$$

证明 对于 $\alpha_I = \alpha_R$, (a) 当 $0 < \alpha_I < 1/e$ 时, 有 $\mathrm{TVaR}_{\alpha_I}((qX - q/\beta)_+) = -q\ln\alpha_I/\beta$, $\mathrm{TVaR}_{\alpha_R}([(1-q)X - (1-q)/\beta]_+) = -(1-q)\ln\alpha_R/\beta$. 于是, 保险公司和再保险公司风险暴露的 Dutch I 型风险度量之和为 $J_4(q) \equiv (1-t\ln\alpha_I)/\beta - P_0$. (b) 当 $1/e \leqslant \alpha_I < 1$ 时, 有 $\mathrm{TVaR}_{\alpha_I}((qX -$

$q/\beta)_+) = q/(\alpha_I \beta e)$, $\text{TVaR}_{\alpha_R}([(1-q)X - (1-q)/\beta]_+) = (1-q)/(\alpha_R \beta e)$, 故 $J_4(q) \equiv t/(\alpha_I \beta e) + 1/\beta - P_0$. 因此, 总 Dutch I 型风险度量 $J_4(q)$ 关于保险公司的自留风险比例 q 恒为常数, 故比例再保险策略不影响保险公司和再保险公司的总 Dutch I 型风险度量.

对于 $\alpha_I > \alpha_R$, (a) 当 $0 < \alpha_R < \alpha_I < 1/e$ 时, 有 $\text{TVaR}_{\alpha_I}((qX - q/\beta)_+) = -q\ln\alpha_I/\beta$, $\text{TVaR}_{\alpha_R}([(1-q)X - (1-q)/\beta]_+) = -(1-q)\ln\alpha_R/\beta$, 于是, 目标函数 $J_4(q) = \dfrac{(\ln\alpha_R - \ln\alpha_I)qt}{\beta} + \dfrac{1 - t\ln\alpha_R}{\beta} - P_0$ 关于保险公司的自留风险比例 q 单调递减. (b) 当 $0 < \alpha_R < 1/e \leqslant \alpha_I < 1$ 时, 有 $\text{TVaR}_{\alpha_I}((qX - q/\beta)_+) = q/(\alpha_I \beta e)$, $\text{TVaR}_{\alpha_R}([(1-q)X - (1-q)/\beta]_+) = -(1-q)\ln\alpha_R/\beta$, 于是 $J_4(q) = \left(\ln\alpha_R + \dfrac{1}{\alpha_I e}\right)\dfrac{qt}{\beta} + \dfrac{1 - t\ln\alpha_R}{\beta} - P_0$. 由于 $0 < \alpha_R < 1/e$ 且 $\alpha_I \geqslant 1/e$, 有 $\ln\alpha_R + \dfrac{1}{\alpha_I e} < \ln\dfrac{1}{e} + \dfrac{1}{e/e} = 0$. 故 $J_4(q)$ 关于 q 单调递减. (c) 当 $1/e \leqslant \alpha_R < \alpha_I < 1$ 时, 有 $\text{TVaR}_{\alpha_I}((qX - q/\beta)_+) = q/(\alpha_I \beta e)$, $\text{TVaR}_{\alpha_R}([(1-q)X - (1-q)/\beta]_+) = (1-q)/(\alpha_R \beta e)$, 于是, 目标函数 $J_4(q) = \left(\dfrac{1}{\alpha_I} - \dfrac{1}{\alpha_R}\right)\dfrac{qt}{\beta e} + \dfrac{t}{\alpha_R \beta e} + \dfrac{1}{\beta} - P_0$ 关于比例再保险策略 q 单调递减. 整体来看, 当 $\alpha_I > \alpha_R$ 时, 目标函数 $J_4(q)$ 关于 q 严格单调递减. 因此, 最优比例再保险策略为自留风险比例取值的上界, 即 $q^* = 1$. 这表明总 Dutch I 型风险度量在没有再保险交易时最小, 此时对应的最小总风险度量为

$$\min J_4(q) = J_4(1) = \begin{cases} \dfrac{1 - t\ln\alpha_I}{\beta} - P_0, & \alpha_I < \dfrac{1}{e}, \\ \dfrac{t}{\alpha_I \beta e} + \dfrac{1}{\beta} - P_0, & \dfrac{1}{e} \leqslant \alpha_I < 1. \end{cases}$$

对于 $\alpha_I < \alpha_R$, 优化目标为

$$J_4(q) = \begin{cases} \dfrac{(\ln\alpha_R - \ln\alpha_I)qt}{\beta} + \dfrac{1-t\ln\alpha_R}{\beta} - P_0, & 0 < \alpha_I < \alpha_R < \dfrac{1}{e}, \\ -\left(\ln\alpha_I + \dfrac{1}{\alpha_R e}\right)\dfrac{qt}{\beta} + \dfrac{t}{\alpha_R\beta e} + \dfrac{1}{\beta} - P_0, & 0 < \alpha_I < \dfrac{1}{e} \leqslant \alpha_R < 1, \\ \left(\dfrac{1}{\alpha_I} - \dfrac{1}{\alpha_R}\right)\dfrac{qt}{\beta e} + \dfrac{t}{\alpha_R\beta e} + \dfrac{1}{\beta} - P_0, & \dfrac{1}{e} \leqslant \alpha_I < \alpha_R < 1. \end{cases}$$

当 $0 < \alpha_I < \alpha_R < \dfrac{1}{e}$ 或者 $\dfrac{1}{e} \leqslant \alpha_I < \alpha_R < 1$ 时, 容易证明 $J_4(q)$ 关于 q 单调递增. 当 $0 < \alpha_I < \dfrac{1}{e} \leqslant \alpha_R < 1$ 时, 有 $\ln\alpha_I + \dfrac{1}{\alpha_R e} < \ln\dfrac{1}{e} + \dfrac{1}{e/e} = 0$, 故 $J_4(q)$ 关于 q 单调递增. 因此, 目标函数 $J_4(q)$ 是关于自留风险比例 q 的一个严格单调增函数.

(i) 当 $0 < \theta_R < \dfrac{\beta}{v}\ln\dfrac{\beta}{\beta-v} - 1$ 时, 效用约束条件要求比例再保险策略满足 $1 - \dfrac{\beta a_R}{v} \leqslant q \leqslant 1$, 因此, 最优自留风险比例为 $q^* = 1 - \dfrac{\beta a_R}{v}$, 且

$$\min J_4(q) = \begin{cases} \dfrac{1-t\ln\alpha_I}{\beta} - \dfrac{(\ln\alpha_R - \ln\alpha_I)a_R t}{v} - P_0, & 0 < \alpha_I < \alpha_R < \dfrac{1}{e}, \\ \dfrac{1-t\ln\alpha_I}{\beta} + \left(\ln\alpha_I + \dfrac{1}{\alpha_R e}\right)\dfrac{a_R t}{v} - P_0, & 0 < \alpha_I < \dfrac{1}{e} \leqslant \alpha_R < 1, \\ \dfrac{t}{\alpha_I\beta e} - \left(\dfrac{1}{\alpha_I} - \dfrac{1}{\alpha_R}\right)\dfrac{a_R t}{ve} + \dfrac{1}{\beta} - P_0, & \dfrac{1}{e} \leqslant \alpha_I < \alpha_R < 1. \end{cases}$$

(ii) 当 $\theta_R = \dfrac{\beta}{v}\ln\dfrac{\beta}{\beta-v} - 1$ 时, 有 $0 \leqslant q \leqslant 1$. 因此, $q^* = 0$, 且

$$\min J_4(q) = \begin{cases} \dfrac{1-t\ln\alpha_R}{\beta} - P_0, & 0 < \alpha_R < \dfrac{1}{e}, \\ \dfrac{t}{\alpha_R\beta e} + \dfrac{1}{\beta} - P_0, & \dfrac{1}{e} \leqslant \alpha_R < 1. \end{cases}$$

(iii) 当 $\dfrac{\beta}{v}\ln\dfrac{\beta}{\beta-v} - 1 < \theta_R < \dfrac{v}{\beta-v}$ 时, 有 $1 - \dfrac{\beta a_I}{v} \leqslant q \leqslant 1$, 于是,

$q^* = 1 - \dfrac{\beta a_I}{v}$, 并且,

$\min J_4(q)$

$= \begin{cases} \dfrac{1 - t\ln\alpha_I}{\beta} - \dfrac{(\ln\alpha_R - \ln\alpha_I)a_I t}{v} - P_0, & 0 < \alpha_I < \alpha_R < \dfrac{1}{e}, \\ \dfrac{1 - t\ln\alpha_I}{\beta} + \left(\ln\alpha_I + \dfrac{1}{\alpha_R e}\right)\dfrac{a_I t}{v} - P_0, & 0 < \alpha_I < \dfrac{1}{e} \leqslant \alpha_R < 1, \\ \dfrac{t}{\alpha_I \beta e} - \left(\dfrac{1}{\alpha_I} - \dfrac{1}{\alpha_R}\right)\dfrac{a_I t}{ve} + \dfrac{1}{\beta} - P_0, & \dfrac{1}{e} \leqslant \alpha_I < \alpha_R < 1. \end{cases}$

(iv) 当 $\theta_R \geqslant \dfrac{v}{\beta - v}$ 时, 保险公司的自留风险比例 $q \equiv 1$, 此时对应的总风险度量为

$J_4(q) = \begin{cases} \dfrac{1 - t\ln\alpha_I}{\beta} - P_0, & 0 < \alpha_I < \dfrac{1}{e}, \\ \dfrac{t}{\alpha_I \beta e} + \dfrac{1}{\beta} - P_0, & \dfrac{1}{e} \leqslant \alpha_I < 1. \end{cases}$ ∎

4.4 数值实例

本节通过数值实例研究保险公司和再保险公司在比例再保险合同下各自的期望效用改善情况以及双方的总效用增加程度. 在最小化双方的总风险价值或者总尾部风险价值准则下, 我们在存在效用不减约束条件以及无约束条件两种情形下比较保险公司和再保险公司的期望效用随保险公司的自留风险比例的变化情况, 进而说明效用不减约束的影响.

在自留风险比例为 q 的比例再保险合同下, 保险公司的期望效用增加幅度为

$$\Delta U_I(q) = \mathbb{E}U_I(u_0^I + P_I(q) - qX) - \mathbb{E}U_I(u_0^I + P_0 - X)$$
$$= \dfrac{\alpha}{v} e^{-v(u_0^I + P_0)}\left[\dfrac{\beta}{\beta - v} - e^{\frac{(1+\theta_R)(1-q)v}{\beta}}\dfrac{\beta}{\beta - qv}\right],$$

再保险公司的期望效用增加幅度为

$$\Delta U_R(q) = \mathbb{E} U_R(u_0^R + P_R(q) - (1-q)X) - \mathbb{E} U_R(u_0^R)$$
$$= \frac{\alpha}{v} e^{-v u_0^R} \left[1 - e^{-\frac{(1+\theta_R)(1-q)v}{\beta}} \frac{\beta}{\beta - (1-q)v} \right].$$

保险公司和再保险公司双方的总期望效用增量为

$$\Delta U(q) \triangleq \Delta U_I(q) + \Delta U_R(q).$$

若不设定效用函数限制条件, 当 $\alpha_I < \alpha_R$ 时, 使得保险公司和再保险公司的总风险价值最小的比例再保险策略 q^* 为 0; 当 $\alpha_I > \alpha_R$ 时, 有 $q^* = 1$; 当 $\alpha_I = \alpha_R$ 时, 任意的自留风险比例 $q \in [0,1]$ 均为最优. 期望效用函数增加约束下的最优比例再保险策略在定理 4.3.3 中给出. 当 $\alpha_I > \alpha_R$ 时, 最优比例再保险策略与无约束时相同; 当 $\alpha_I = \alpha_R$ 时, 最优自留风险比例是无约束情形时的子集; 当 $\alpha_I < \alpha_R$ 时, 约束条件对最优比例再保险策略有显著的影响. 因此, 我们仅在保险公司相对于再保险公司面临着更严格的置信水平的情形下讨论双方的期望效用改善情况.

假设 $u_0^I = u_0^R = 0$, $P_0 = 0.4$, $\alpha = 1$, $v = 1$, $\beta = 3$. 令 $\theta_1 = \frac{\beta}{v} \ln \frac{\beta}{\beta - v} - 1$, $\theta_2 = \frac{v}{\beta - v}$. 图 4.4.1 描绘了在无约束模型中的最优比例再保险下保险公司和再保险公司各自的期望效用增长程度随着再保险公司的保费安全负荷系数的变化情况. 从图 4.4.1(a) 可以看出, 当 $\theta_R < \theta_1$ 时, 保险公司的期望效用增长程度随 θ_R 的增大逐渐缩小, 而当 $\theta_R > \theta_1$ 时, 保险公司的期望效用将会减小, 并且减小的程度随着再保险保费的增长而逐渐扩大. 图 4.4.1(b) 表明再保险公司的期望效用变化方向与保险公司恰好相反. 这表明, 在再保险保费相对较低时, 保险公司将通过购买全额再保险获益, 同时, 再保险公司将遭受期望效用的减少. 随着再保险保费的增高, 保险公司的期望效用增加将逐渐消失, 而再保险公司的期望效用则是逐步提升. 如果再保险的保费率高于期望索赔损失的 $1+\theta_1$ 倍, 保险公司在购买全额再保险后将面临期望效用的减少, 此时再保险公司可通过与保险公司签订全额再保险合同获得期望效用的改善.

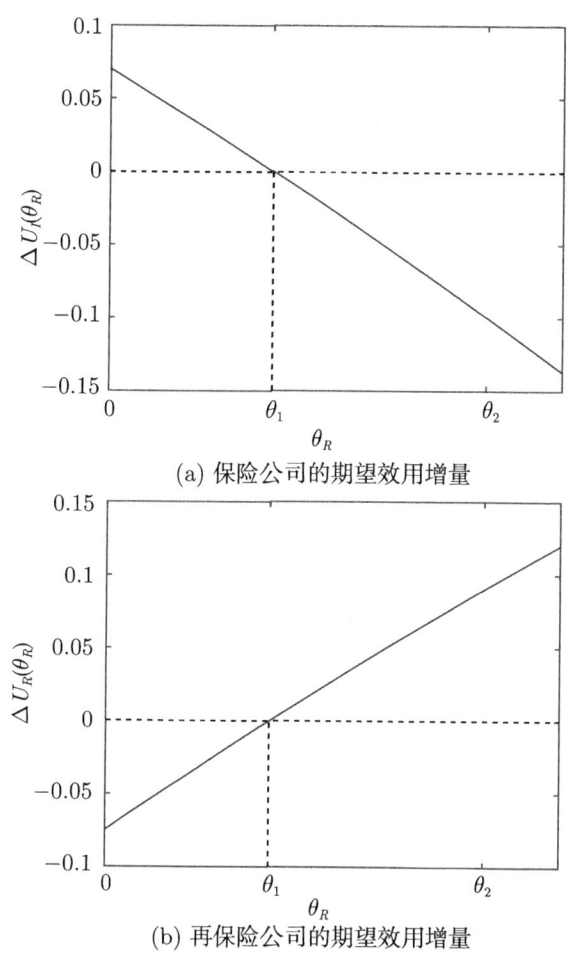

(a) 保险公司的期望效用增量

(b) 再保险公司的期望效用增量

图 4.4.1 无约束模型中的期望效用改善程度

在合同双方的期望效用均有改善约束条件下, 最优比例再保险策略下的保险公司和再保险公司的期望效用增加程度分别在图 4.4.2(a) 和图 4.4.2(b) 中描绘. 在这两个子图中, 可以看出合约双方在最优比例再保险

4.4 数值实例

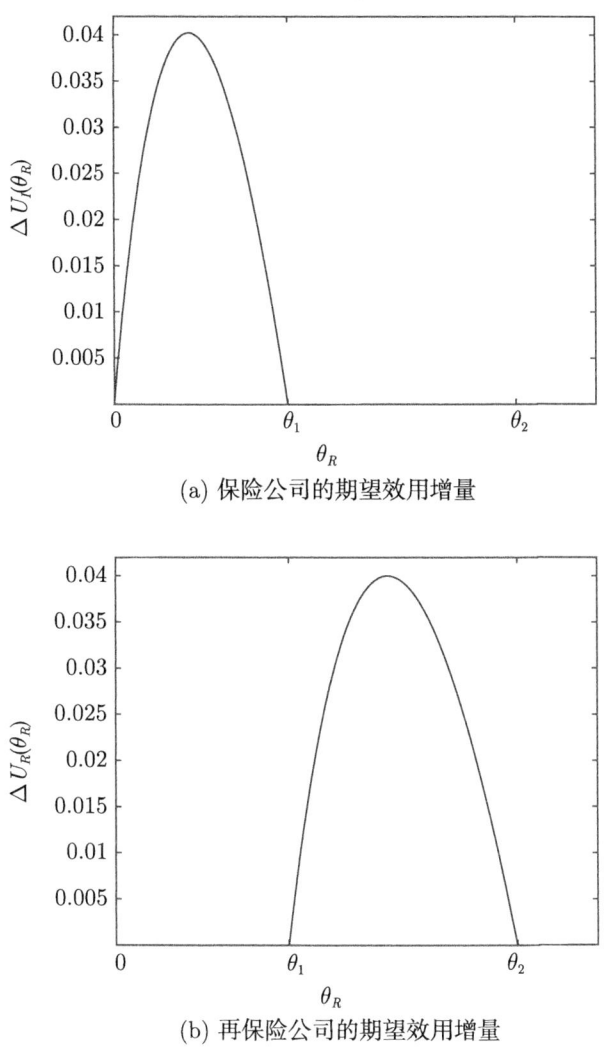

(a) 保险公司的期望效用增量

(b) 再保险公司的期望效用增量

图 4.4.2 期望效用不减约束下的效用改善程度

下的期望效用均不低于不购买/销售再保险合约的情形. 当 $0 < \theta_R < \theta_1$ 时, 保险公司的最优自留风险比例为 $1 - \beta a_R/v$, 这高于无约束条件下的最优比例再保险策略的自留风险. 这是由于再保险的保费偏低, 再保险公司不愿过多地接受保险公司转移的风险. 而此时, 保险公司则会在不降低自身期望效用的条件下尽可能多地转移索赔风险给再保险公司, 实

际购买的再保险数量为再保险公司能够接受的最大比例. 随着再保险公司安全负荷系数的增大, 保险公司的最优自留风险比例逐渐上升; 由于转移了更多的索赔责任, 保险公司的期望效用增量首先逐步加大, 但这一增量会逐渐被更高的再保险保费抵消.

当 $\theta_1 < \theta_R < \theta_2$ 时, 为了保证期望效用不减, 保险公司需要至少保留 $1 - \beta a_I/v$ 倍的索赔风险; 而再保险公司在高保费的激励下, 有足够的意愿销售比例再保险合同. 随着再保险公司安全负荷系数的增大, 保险公司的自留风险比例增大, 再保险公司的期望效用增量首先逐渐提升. 但在保费过高时, 保险公司的风险转移比例逐渐减少至零, 导致再保险公司的效用增量逐渐缩小为零. 当 $\theta_R > \theta_2$ 时, 保险公司不会进入再保险市场, 因此, 保险公司和再保险公司的期望效用都将保持不变.

将保险公司和再保险公司的期望效用增量求和, 我们得到最优比例再保险合约下双方的总期望效用增量. 假设保险公司通过期望保费原理计算其保费, 并且安全负荷系数为 $\theta = 0.2$. 当两个保险公司签订无约束的最优比例再保险合同时, 双方的总效用增量如图 4.4.3 中的实线所示. 容易看出, 总期望效用在 $\theta < \theta_R < \theta_1$ 时有所改善, 而当再保险公司的安全负荷系数不属于 (θ, θ_1) 时, 总期望效用则会减小. 图 4.4.3 中的点划线刻画了效用不减约束模型中的最优比例再保险策略下的总期望效用增量. 这条曲线表明, 在签订这个比例再保险合同后, 保险公司和再保险公司的总期望效用增量始终为正, 并且始终高于无约束最优比例再保险策略的情形.

注解 4.4.1 在最小化保险公司和再保险公司的总尾部风险价值目标下, 双方的期望效用变化趋势以及总期望效用的变化与最小化总风险价值模型下完全相同.

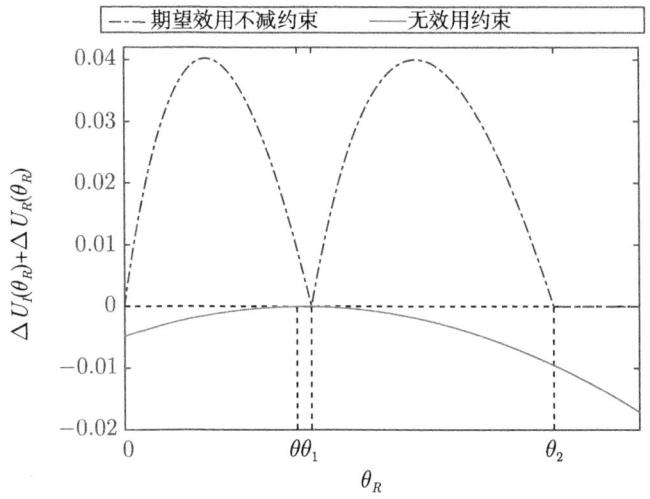

图 4.4.3　保险公司和再保险公司的总期望效用增加量

4.5 小　　结

本章在保险公司和再保险公司的期望效用均不减小的约束条件下,分别在五个不同的目标函数下研究了最优比例再保险问题,并且,每个目标函数都涉及保险公司和再保险公司双方的权益.其中,两公司的联合生存概率、总方差、总风险价值以及总尾部风险价值是保险业从业机构和监管机构经常使用的工具,而总 Dutch I 型风险度量则为保险公司设计内部模型的准备金评估提供了一种选择,这也符合偿二代监管体制对大型保险公司的要求. 由于效用约束条件保证了合同双方在最优比例再保险下的期望效用均不低于不进入再保险合约的情形,效用约束亦体现了我们所研究的最优比例再保险策略的双赢性.

第5章 基于保险人和再保险人效用提升的最优互惠止停再保险

本章基于保险公司和再保险公司的效用提升研究最优互惠止停再保险合约. 与上一章的想法相同, 我们同时通过约束条件和优化目标来体现再保险合约的双赢性. 即约束条件要求在一个止停再保险合约下, 保险公司和再保险公司各自盈余的期望效用均有提升; 而优化目标则同时涵括保险公司和再保险公司双方的权益, 我们将分别在最小化两公司的总方差、总风险价值、总尾部风险价值、总 Dutch I 型风险度量以及最大化两公司的联合生存概率五个不同的目标函数下研究最优互惠止停再保险问题.

本章的内容安排如下: 5.1 节给出了保险人和再保险人效用提升约束条件下的最优互惠止停再保险优化问题的数学建模. 5.2 节推导保险公司和再保险公司期望效用提升约束条件确定的互惠止停再保险合约下保险公司风险自留额可能的取值范围. 在五个不同的优化目标下, 5.3 节研究了各模型下的最优互惠止停再保险策略和相应的目标函数值. 5.4 节通过数值实例分析最优互惠止停再保险合约下保险公司和再保险公司的期望效用改善情况. 最后, 5.5 节给出一些总结性注解.

5.1 数学模型

首先给出静态再保险问题的概括模型以及本章涉及的一些基本假设.

5.1 数学模型

与第 4 章相同, 令非负随机变量 X 表示保险公司在一个固定时间段内的总索赔额, 其分布函数为 $G(x) = \mathbb{P}(X \leqslant x)$, 并且, 期望和方差分别为 $\mathbb{E}[X] = \mu$ 和 $\mathrm{Var}X = \sigma^2$. 在一个再保险合同下, 再保险公司将对保险公司的索赔进行部分赔付. 对于保险公司的索赔风险 X, 记再保险公司的赔偿额为 $f(X)$, $0 \leqslant f(X) \leqslant X$, 则保险公司的剩余风险为 $I_f(X) = X - f(X)$. 再保险保费 P_R^f 由期望值保费原理确定, 即 $P_R^f = (1+\theta_R)\mathbb{E}[f(X)]$, 其中, $\theta_R > 0$ 为再保险公司的安全负荷系数. 保险公司在再保险合约 f 下的净保费收入为 $P_I^f = P_0 - P_R^f$, 其中, P_0 为保险公司向投保人收取的保费.

为保证保险公司和再保险公司双方均能通过再保险合同获益, 我们的目标函数涵括双方的权益. 具体地讲, 我们将在合同双方的期望效用约束条件

$$\mathbb{E}[U_I(u_0^I + P_0 - X)] \leqslant \mathbb{E}[U_I(u_0^I + P_I^f - I_f(X))], \tag{5.1}$$

$$\mathbb{E}[U_R(u_0^R)] \leqslant \mathbb{E}[U_R(u_0^R + P_R^f - f(X))] \tag{5.2}$$

下, 最大化双方的联合生存概率

$$\max \mathbb{P}\{I_f(X) \leqslant u_0^I + P_I^f,\ f(X) \leqslant u_0^R + P_R^f\}, \tag{5.3}$$

或者最小化保险公司和再保险公司双方潜在损失的总方差、总风险价值、总尾部风险价值或者总一般 Dutch I 型风险度量, 即

$$\min\{J(I_f(X) - P_I^f) + J(f(X) - P_R^f)\}, \tag{5.4}$$

其中, $u_0^I > 0$ 和 $u_0^R > 0$ 分别为保险公司和再保险公司的初始盈余; J 表示方差、风险价值、尾部风险价值或者一般 Dutch I 型风险度量; U_I 和 U_R 分别为保险公司和再保险公司的效用函数. 我们引入的期望效用约束

条件保证了双方在签订再保险合同后期望效用都不低于不进入再保险市场之时. 为了方便数学计算并得到最优再保险策略的显示表达式, 假设索赔额服从参数为 β 的指数分布, 即 $X \sim \mathrm{Exp}(\beta)$. 故有 $G(x) = 1 - e^{-\beta x}$, $\mu = 1/\beta$, $\sigma^2 = 1/\beta^2$. 并且, 选择指数效用函数

$$U_I(x) = U_R(x) = \lambda - \frac{\alpha}{v} e^{-vx}, \tag{5.5}$$

其中, 参数 λ, α 和 v 均为正常数.

对于一个止停再保险合约, 有 $f(X) = (X-d)_+$, $I_f(X) = X \wedge d$, 其中, $d \geqslant 0$ 为保险公司的损失自留额. 于是, 再保险公司在止停再保险合约下收取的再保险保费为

$$\begin{aligned} P_R(d) &= P_R^f \Big|_{f(X)=(X-d)_+} = (1+\theta_R) \int_d^\infty (1-G(x)) dx \\ &= (1+\theta_R) \int_d^\infty e^{-\beta x} dx = \frac{(1+\theta_R) e^{-\beta d}}{\beta}; \end{aligned}$$

保险公司在止停再保险合约下的净保费收入为

$$P_I(d) = P_I^f \Big|_{f(X)=(X-d)_+} = P_0 - \frac{(1+\theta_R) e^{-\beta d}}{\beta}.$$

5.2 止停再保险自留风险的范围

由于保险公司的效用约束 (5.1) 和再保险公司的效用约束 (5.2) 的影响, 止停再保险合同下保险人损失自留额 d 的范围缩小为 $d \geqslant 0$ 的一个子集. 令 D_I 为 $f_I(D) = e^{-(1+\theta_R)vD/\beta} + \frac{v}{\beta} D^{\frac{\beta-v}{\beta}} - 1$ 在 $(0,1)$ 内的唯一正根; 令 D_R 为 $f_R(D) = e^{(1+\theta_R)vD/\beta} - \frac{v}{\beta-v} D - 1$ 的唯一正根. 于是, 保险公司的损失自留额 d 的范围由下面的引理给出.

5.2 止停再保险自留风险的范围

引理 5.2.1 保险公司和再保险公司的效用约束条件决定的止停再保险合同下保险公司的损失自留额 d 的取值范围如下:

(i) 当 $0 < \theta_R < \dfrac{\beta}{v}\ln\dfrac{\beta}{\beta-v} - 1$ 时, 再保险公司不接受任何止停再保险的损失自留额, 即不存在止停再保险合约;

(ii) 当 $\dfrac{\beta}{v}\ln\dfrac{\beta}{\beta-v} - 1 \leqslant \theta_R < \dfrac{v}{\beta-v}$ 时, 有 $-\ln D_I/\beta \leqslant d \leqslant -\ln D_R/\beta$;

(iii) 当 $\theta_R \geqslant \dfrac{v}{\beta-v}$ 时, 有 $d \geqslant -\ln D_I/\beta$.

在证明这个引理之前, 首先需要证明下面的命题.

命题 5.2.1 当 $\theta_R \geqslant \dfrac{\beta}{v}\ln\dfrac{\beta}{\beta-v} - 1$ 时, 函数 $f_I(D) = e^{-\frac{(1+\theta_R)vD}{\beta}} + \dfrac{v}{\beta}D^{\frac{\beta-v}{\beta}} - 1$ 在区间 $(0,1)$ 内存在唯一的一个根 D_I. 并且, 当 $\dfrac{\beta}{v}\ln\dfrac{\beta}{\beta-v} - 1 \leqslant \theta_R < \dfrac{v}{\beta-v}$ 时, 有 $D_I \geqslant D_R$, 其中, D_R 是方程 $f_R(D) = 0$ 的唯一正根.

证明 函数 $f_I(D)$ 关于变量 D 的一阶导函数为

$$f_I'(D) = -\frac{(1+\theta_R)v}{\beta}e^{-\frac{(1+\theta_R)vD}{\beta}} + \frac{v(\beta-v)}{\beta^2}D^{-\frac{v}{\beta}}$$
$$= \frac{v(\beta-v)}{\beta^2}e^{-\frac{(1+\theta_R)vD}{\beta}}g(D),$$

其中,

$$g(D) \triangleq D^{-\frac{v}{\beta}}e^{\frac{(1+\theta_R)vD}{\beta}} - \frac{\beta(1+\theta_R)}{\beta-v}.$$

由于

$$g'(D) = \frac{(1+\theta_R)v}{\beta}D^{-\frac{v}{\beta}}e^{\frac{(1+\theta_R)vD}{\beta}} - \frac{v}{\beta}D^{-\frac{v}{\beta}-1}e^{\frac{(1+\theta_R)vD}{\beta}}$$
$$= \frac{(1+\theta_R)v}{\beta}D^{-\frac{v}{\beta}-1}e^{\frac{(1+\theta_R)vD}{\beta}}\left[D - \frac{1}{1+\theta_R}\right],$$

则 $g'(D) > 0$ 当且仅当 $D > \dfrac{1}{1+\theta_R}$. 因此, 当 $D \in \left(0, \dfrac{1}{1+\theta_R}\right)$ 时, $g(D)$ 单调递增; 当 $D \in \left[\dfrac{1}{1+\theta_R}, +\infty\right)$, $g(D)$ 单调递减. 于是得到 $\lim_{D \to 0+} g(D) = +\infty$, $g(1) = e^{\frac{(1+\theta_R)v}{\beta}} - \dfrac{\beta(1+\theta_R)}{\beta - v}$, 并且 $g(D)$ 的最小值为 $g\left(\dfrac{1}{1+\theta_R}\right) = (1+\theta_R)^{\frac{v}{\beta}} e^{\frac{v}{\beta}} - \dfrac{\beta(1+\theta_R)}{\beta - v}$. 由于 $\lim_{D \to 0+} f_I(D) = 0$, $f_I(+\infty) = +\infty$, 并且当 $\theta_R \geqslant \dfrac{\beta}{v} \ln \dfrac{\beta}{\beta - v} - 1$ 时, $f_I(1) = e^{-\frac{(1+\theta_R)v}{\beta}} - \dfrac{\beta - v}{\beta} \leqslant 0$, 故 $f_I(D)$ 不是一个单调函数. 因此, $g\left(\dfrac{1}{1+\theta_R}\right) < 0$; 否则, $f_I(D)$ 随 D 单调递增, 并且, 当 $D \in (0, +\infty)$ 时, $f_I(D)$ 始终为正.

在 $g(1) \leqslant 0$ 和 $g(1) > 0$ 两种情形下考虑函数 $f_I(D)$ 的根. (a) 当 $g(1) \leqslant 0$ 时, 方程 $g(D) = 0$ 存在唯一一个根 $D^* \in (0,1)$ $\left(D^* < \dfrac{1}{1+\theta_R}\right)$. 并且, 对于 $0 < D < D^*$, $g(D) > 0$; 对于 $D^* < D < 1$, $g(D) < 0$. 因此, $f_I(D)$ 在 $D \in (0, D^*]$ 时单调递增, 而在 $D \in [D^*, 1]$ 时单调递减. (b) 当 $g(1) > 0$ 时, 方程 $g(D) = 0$ 在区间 $(0,1)$ 内有且仅有两个解 $\underline{D}^*$ 和 $\bar{D}^*$, 且满足 $0 < \underline{D}^* < \dfrac{1}{1+\theta_R} < \bar{D}^* < 1$; 并且, $g(D) < 0$ 当且仅当 $\underline{D}^* < D < \bar{D}^*$. 因此, 当 $D \in [\underline{D}^*, \bar{D}^*]$ 时, $f_I(D)$ 单调递增; 当 $1 < D < \underline{D}^*$ 或者 $\bar{D}^* < D \leqslant 1$ 时, $f_I(D)$ 随变量 D 单调递减. 在两种情形下, 由于 $\lim_{D \to 0+} f_I(D) = 0$ 且 $f_I(1) \leqslant 0$, 方程 $f_I(D) = 0$ 在区间 $(0,1]$ 内都是存在唯一一个实根, 记作 D_I.

为证明 $D_I \geqslant D_R$, 只需要证明 $f_I(D_R) \geqslant 0$. 为了方便表示, 令 $\zeta \triangleq \dfrac{(1+\theta_R)v}{\beta}$, $\tau \triangleq \dfrac{\beta - v}{\beta}$ $(0 < \tau < 1)$. 于是, $f_I(D) = e^{-\zeta D} + (1-\tau)D^\tau - 1$, $f_R(D) = e^{\zeta D} - \left(\dfrac{1}{\tau} - 1\right)D - 1$. 有

5.2 止停再保险自留风险的范围

$$f_I(D_R) = e^{-\zeta D_R} + (1-\tau)D_R^\tau - 1$$
$$= \frac{1}{\left(\frac{1}{\tau}-1\right)D_R + 1} + (1-\tau)D_R^\tau - 1$$
$$= \frac{1-\tau}{(1-\tau)D_R + \tau}\left[(1-\tau)D_R^{\tau+1} - D_R + \tau D_R^\tau\right].$$

令 $h(\tau) \triangleq (1-\tau)D_R^{\tau+1} - D_R + \tau D_R^\tau$. 则 $h(\tau)$ 关于 τ 的一阶导函数为

$$h'(\tau) = -D_R^{\tau+1} + (1-\tau)D_R^{\tau+1}\ln D_R + D_R^\tau + \tau D_R^\tau \ln D_R$$
$$= D_R^\tau[\tau(1-D_R)\ln D_R + 1 - D_R + D_R \ln D_R].$$

当 $\frac{\beta}{v}\ln\frac{\beta}{\beta-v} - 1 \leqslant \theta_R < \frac{v}{\beta-v}$ 时, $f_R(D) = 0$ 的根满足 $0 < D_R \leqslant 1$. 于是, $(1-D_R)\ln D_R \leqslant 0$, $1 - D_R + D_R\ln D_R \geqslant 0$, $-(1-D_R)\ln D_R \geqslant 1 - D_R + D_R\ln D_R$. 故有 $h'(\tau) < 0$ 当且仅当 $\tau > \tau^*$, 其中, $\tau^* = \frac{1-D_R+D_R\ln D_R}{-(1-D_R)\ln D_R} \in (0,1]$. 因此, 当 $\tau \in (0,\tau^*)$ 时, $h(\tau)$ 单调递增; 当 $\tau \in [\tau^*,1]$ 时, $h(\tau)$ 单调递减. 由于 $h(0) = h(1) = 0$, 得到 $h(\tau)$ 在 $\tau \in (0,1)$ 时始终为正. 因此, $f_I(D_R) > 0$, 并且 $D_I \geqslant D_R$. ∎

接下来, 证明引理 5.2.1.

证明 在止停再保险优化模型下, 当效用函数为 (5.5) 时, 有

$$g_I(d) \triangleq \mathbb{E}U_I(u_0^I + P_0 - X) - \mathbb{E}U_I(u_0^I + P_I(d) - X \wedge d)$$
$$= \mathbb{E}\left[\lambda - \frac{\alpha}{v}e^{-v(u_0^I+P_0-X)} - \lambda + \frac{\alpha}{v}e^{-v[u_0^I+P_0-(1+\theta_R)e^{-\beta d}/\beta - X\wedge d]}\right]$$
$$= \frac{\alpha}{v}e^{-v(u_0^I+P_0)}\left[e^{(1+\theta_R)ve^{-\beta d}/\beta}\mathbb{E}e^{v(X\wedge d)} - M_X(v)\right]$$

和

$$g_R(d) \triangleq \mathbb{E}U_R(u_0^R) - \mathbb{E}U_R(u_0^R + P_R(d) - (X-d)_+)$$
$$= \mathbb{E}\left[\lambda - \frac{\alpha}{v}e^{-vu_0^R} - \lambda + \frac{\alpha}{v}e^{-v[u_0^R+(1+\theta_R)e^{-\beta d}/\beta - (X-d)_+]}\right]$$

$$= \frac{\alpha}{v} e^{-vu_0^R} \left[e^{-(1+\theta_R)ve^{-\beta d}/\beta} \mathbb{E} e^{v(X-d)_+} - 1 \right].$$

当 $\beta > v > 0$ 时, 有

$$M_X(v) = \frac{\beta}{\beta - v},$$

$$\mathbb{E} e^{v(X \wedge d)} = \int_0^d e^{vx} \beta e^{-\beta x} dx + e^{vd} e^{-\beta d} = \frac{\beta}{\beta - v} - \frac{v}{\beta - v} e^{-(\beta - v)d},$$

$$\mathbb{E} e^{v(X-d)_+} = 1 - e^{-\beta d} + \int_d^{+\infty} e^{v(x-d)} \beta e^{-\beta x} dx = 1 + \frac{v}{\beta - v} e^{-\beta d}.$$

于是, 保险公司的期望效用约束 (5.1), 即 $g_I(d) \leqslant 0$, 成为

$$e^{(1+\theta_R)ve^{-\beta d}/\beta} \left[\frac{\beta}{\beta - v} - \frac{v}{\beta - v} e^{-(\beta-v)d} \right] - \frac{\beta}{\beta - v} \leqslant 0,$$

再保险公司的期望效用约束 (5.2), 即 $g_R(d) \leqslant 0$, 成为

$$e^{-(1+\theta_R)ve^{-\beta d}/\beta} \left[1 + \frac{v}{\beta - v} e^{-\beta d} \right] - 1 \leqslant 0.$$

令 $D \triangleq e^{-\beta d}$, 则 $0 < D \leqslant 1$, 期望效用约束可化简为

$$1 - \frac{v}{\beta} D^{\frac{\beta-v}{\beta}} \leqslant e^{-(1+\theta_R)vD/\beta} \leqslant \frac{1}{1 + vD/(\beta - v)},$$

即 $f_I(D) \geqslant 0$, $f_R(D) \geqslant 0$, 其中, $f_I(D) \triangleq e^{-(1+\theta_R)vD/\beta} + \frac{v}{\beta} D^{\frac{\beta-v}{\beta}} - 1$, $f_R(D) \triangleq e^{(1+\theta_R)vD/\beta} - \frac{v}{\beta - v} D - 1$.

首先考虑再保险公司的约束条件. 有 $f_R(0) = 0$, $f_R(1) = e^{(1+\theta_R)v/\beta} - \beta/(\beta - v)$, $f_R'(D) = \frac{(1+\theta_R)v}{\beta} e^{(1+\theta_R)vD/\beta} - v/(\beta - v)$. 对于 $\theta_R \geqslant \frac{v}{\beta - v}$, 有 $f_R'(D) \geqslant 0$. 故 $f_R(D)$ 在 $D > 0$ 时取值恒为非负. 因此, 对于任意一个止停损失自留额 $d \geqslant 0$, 再保险公司的约束条件都能够满足, 这是由于此时再保险公司的保费收入足够高. 对于 $0 < \theta_R < \frac{v}{\beta - v}$, 当 $0 < D < \frac{\beta}{(1+\theta_R)v} \ln \frac{\beta}{(1+\theta_R)(\beta - v)}$ 时, $f_R(D)$ 随变量 D 的增大单调

递增; 当 $D \geqslant \dfrac{\beta}{(1+\theta_R)v} \ln \dfrac{\beta}{(1+\theta_R)(\beta-v)}$ 时, $f_R(D)$ 关于 D 单调递减. 由于 $f_R(0) = 0$ 且 $f_R(+\infty) = +\infty$, $f_R(D) = 0$ 存在唯一一个正根 D_R, 并且当 $0 < D < D_R$ 时, $f_R(D) < 0$. 而当 $\dfrac{\beta}{v} \ln \dfrac{\beta}{\beta-v} - 1 \leqslant \theta_R < \dfrac{v}{\beta-v}$ 时, $f_R(1) \geqslant 0$, 故 $0 < D_R < 1$. 于是, 为了满足再保险公司的约束条件 $f_R(D) \geqslant 0$, 需要 $D_R \leqslant D \leqslant 1$. 当 $0 < \theta_R < \dfrac{\beta}{v} \ln \dfrac{\beta}{\beta-v} - 1$ 时, 有 $f_R(1) < 0$, $D_R > 1$. 因此, 对于任意的 $D \in (0, 1]$, $f_R(D) < 0$, 也就是说, 再保险公司的期望效用无法通过销售止停再保险业务进行改善. 这是由于此时的再保险保费过低.

对于保险公司的效用约束条件, 只需要考虑 $\theta_R \geqslant \dfrac{\beta}{v} \ln \dfrac{\beta}{\beta-v} - 1$ 的情形. 由命题 5.2.1 可知, 当 $\theta_R \geqslant \dfrac{\beta}{v} \ln \dfrac{\beta}{\beta-v} - 1$ 时, $f_I(D) \geqslant 0$ 当且仅当 $0 \leqslant D \leqslant D_I$, 其中, $D_I \in (0, 1)$ 为 $f_I(D)$ 的根. 因此, 为同时满足保险公司和再保险公司的约束条件, 当 $\dfrac{\beta}{v} \ln \dfrac{\beta}{\beta-v} - 1 \leqslant \theta_R < \dfrac{v}{\beta-v}$ 时, 需要 $D_R \leqslant D \leqslant D_I$, 即 $-\ln D_I/\beta \leqslant d \leqslant -\ln D_R/\beta$; 当 $\theta_R \geqslant \dfrac{v}{\beta-v}$ 时, 要求 $0 \leqslant D \leqslant D_I$, 即 $d \geqslant -\ln D_I/\beta$. ∎

注解 5.2.1 再保险保费的高低可由安全负荷系数 θ_R 的大小体现. 当 $\theta_R < \dfrac{\beta}{v} \ln \dfrac{\beta}{\beta-v} - 1$ 时, 再保险保费过低, 以至于无法激励再保险公司进行止停再保险业务. 当 $\theta_R \geqslant \dfrac{\beta}{v} \ln \dfrac{\beta}{\beta-v} - 1$ 时, 保险公司为了避免过高的止停再保险保费支出, 将会保留部分索赔风险. 当 $\theta_R \geqslant \dfrac{v}{\beta-v}$ 时, 由于再保险保费足够高, 再保险公司愿意接受任意损失自留额下的止停再保险合约; 同时, 保险公司在如此高的再保险保费下仍然能够通过购买止停再保险获益, 这是因为在止停再保险合约下, 保险公司损失的上限能够得到保证.

5.3 不同目标下的最优止停再保险策略

本节在不同的优化准则下讨论最优互惠止停再保险问题.

5.3.1 方差

本小节在最小化保险公司和再保险公司各自风险暴露的方差的总和这一目标下研究最优止停再保险策略. 此时, 我们的目标函数 (5.4) 为

$$\begin{aligned} J_1(d) &\triangleq \mathrm{Var}(X \wedge d - P_I(d)) + \mathrm{Var}((X-d)_+ - P_R(d)) \\ &= \mathrm{Var}\left(X \wedge d - P_0 + \frac{(1+\theta_R)e^{-\beta d}}{\beta}\right) \\ &\quad + \mathrm{Var}\left((X-d)_+ - \frac{(1+\theta_R)e^{-\beta d}}{\beta}\right) \\ &= \mathrm{Var}(X \wedge d) + \mathrm{Var}((X-d)_+) \\ &= [1 + 2(1-\beta d)e^{-\beta d} - 2e^{-2\beta d}]/\beta^2, \end{aligned}$$

其中, 最后一个等式通过

$$\mathrm{Var}(X \wedge d) = \mathbb{E}((X \wedge d)^2) - (\mathbb{E}(X \wedge d))^2 = [1 - 2\beta d e^{-\beta d} - e^{-2\beta d}]/\beta^2$$

和

$$\mathrm{Var}((X-d)_+) = \mathbb{E}((X-d)_+^2) - (\mathbb{E}((X-d)_+))^2 = [(2-e^{-\beta d})e^{-\beta d}]/\beta^2$$

推出. 而这两个方差可由

$$\mathbb{E}(X \wedge d) = \int_0^d x\beta e^{-\beta x} dx + de^{-\beta d} = (1 - e^{-\beta d})/\beta,$$

$$\mathbb{E}((X \wedge d)^2) = \int_0^d x^2 \beta e^{-\beta x} dx + d^2 e^{-\beta d} = 2(1 - e^{-\beta d} - \beta d e^{-\beta d})/\beta^2,$$

$$\mathbb{E}((X-d)_+) = \int_d^{+\infty} (x-d)\beta e^{-\beta x} dx = e^{-\beta d}/\beta,$$

5.3 不同目标下的最优止停再保险策略

$$\mathbb{E}((X-d)_+^2) = \int_d^{+\infty}(x-d)^2 \beta e^{-\beta x}dx = 2e^{-\beta d}/\beta^2$$

推导得到.

令 r 为方程 $f(x) = 2e^{-x} + x - 2 = 0$ 的唯一正根. 下面的定理给出了最小化总方差准则下的最优止停再保险策略.

定理 5.3.1 在最小化保险公司和再保险公司的方差总和目标下, 保险公司的最优风险自留额和最优止停再保险策略下的最小总方差如下:

当 $0 < \theta_R < \dfrac{\beta}{v}\ln\dfrac{\beta}{\beta-v} - 1$ 时, 不存在最优止停再保险合同, 没有再保险时保险公司和再保险公司的总方差为 $1/\beta^2$.

当 $\dfrac{\beta}{v}\ln\dfrac{\beta}{\beta-v} - 1 \leqslant \theta_R < \dfrac{v}{\beta-v}$ 时, 保险公司的最优风险自留额和双方的最小总方差分别为:

(i) 当 $f_I(e^{-r}) < 0$ 时, $d^* = -\ln D_I/\beta$, $\min J_1(d) = [1 + 2(1 + \ln D_I)D_I - 2D_I^2]/\beta^2$;

(ii) 当 $f_I(e^{-r}) \geqslant 0$ 且 $f_R(e^{-r}) \geqslant 0$ 时, $d^* = r/\beta$, $\min J_1(d) = (1 - re^{-r})/\beta^2$;

(iii) 当 $f_R(e^{-r}) < 0$ 时, $d^* = -\ln D_R/\beta$, $\min J_1(d) = [1 + 2(1 + \ln D_R)D_R - 2D_R^2]/\beta^2$.

当 $\theta_R \geqslant \dfrac{v}{\beta-v}$ 时, 最优止停再保险策略和相应的最小总方差分别为:

(i) 当 $f_I(e^{-r}) < 0$ 时, $d^* = -\ln D_I/\beta$, $\min J_1(d) = [1 + 2(1 + \ln D_I)D_I - 2D_I^2]/\beta^2$;

(ii) 当 $f_I(e^{-r}) \geqslant 0$ 时, $d^* = r/\beta$, $\min J_1(d) = (1 - re^{-r})/\beta^2$.

证明 令 r 为 $f(x) = 2e^{-x} + x - 2 = 0$ 的唯一正根. 则 $J_1'(d) =$

$2e^{-\beta d}(2e^{-\beta d} + \beta d - 2)/\beta$ 存在唯一一个正根 $\bar{d} = r/\beta$. 并且, 当 $d \in [0, \bar{d}]$ 时, $J_1(d)$ 单调递减; 当 $d > \bar{d}$ 时, $J_1(d)$ 单调递增.

当 $0 < \theta_R < \dfrac{\beta}{v}\ln\dfrac{\beta}{\beta - v} - 1$ 时, 由引理 5.2.1 可知, 由于再保险保费较低, 再保险公司无法通过止停再保险获益. 因此, 最优止停再保险策略不存在. 在没有签订止停再保险合约时, 保险公司和再保险公司各自方差之和为

$$\min J_1(d) = \lim_{d \to +\infty} J_1(d) = 1/\beta^2,$$

即保险公司盈余的方差.

当 $\dfrac{\beta}{v}\ln\dfrac{\beta}{\beta - v} - 1 \leqslant \theta_R < \dfrac{v}{\beta - v}$ 时, 由保险公司和再保险公司的效用约束条件可知

$$-\ln D_I/\beta \leqslant d \leqslant -\ln D_R/\beta.$$

(i) 当 $f_I(e^{-r}) < 0$ 时, 有 $D_I < e^{-r}$, 即 $-\ln D_I/\beta > \bar{d}$. 于是, $J_1(d)$ 对于 $d \in [-\ln D_I/\beta, -\ln D_R/\beta]$ 单调递减, 故保险公司的最优风险自留额为 $d^* = -\ln D_I/\beta$. 对应的最小总方差为

$$\min J_1(d) = [1 + 2(1 + \ln D_I)D_I - 2D_I^2]/\beta^2.$$

(ii) 当 $f_I(e^{-r}) \geqslant 0$ 且 $f_R(e^{-r}) \geqslant 0$ 时, 有 $D_R \leqslant e^{-r} \leqslant D_I$, 即 $-\ln D_I/\beta \leqslant \bar{d} \leqslant -\ln D_R/\beta$. 于是

$$d^* = \bar{d} = r/\beta, \quad \min J_1(d) = (1 - re^{-r})/\beta^2.$$

(iii) 当 $f_R(e^{-r}) < 0$ 时, 有 $e^{-r} < D_R$, 即 $-\ln D_R/\beta < \bar{d}$. 于是, $J_1(d)$ 关于 $d \in [-\ln D_I/\beta, -\ln D_R/\beta]$ 单调递减. 因此, 最优止停再保险策略和最小总方差为

$$d^* = -\ln D_R/\beta, \quad \min J_1(d) = [1 + 2(1 + \ln D_R)D_R - 2D_R^2]/\beta^2.$$

当 $\theta_R \geqslant \dfrac{v}{\beta-v}$ 时, 止停再保险下的保险公司风险自留额 d 满足 $d \geqslant -\ln D_I/\beta$. (i) 当 $f_I(e^{-r}) < 0$ 时, 有 $-\ln D_I/\beta > \bar{d}$. 故最优风险自留额为 $d^* = -\ln D_I/\beta$, 此时的方差和为 $\min J_1(d) = [1 + 2(1 + \ln D_I)D_I - 2D_I^2]/\beta^2$. (ii) 当 $f_I(e^{-r}) \geqslant 0$ 时, 有 $-\ln D_I/\beta \leqslant \bar{d}$, 因此, $d^* = r/\beta$, $\min J_1(d) = (1 - re^{-r})/\beta^2$. ∎

5.3.2 风险价值

本小节把最小化保险公司的盈余减少量在置信度 $1 - \alpha_I$ 下的风险价值和再保险公司的盈余减少量在置信度 $1 - \alpha_R$ 下的风险价值的和作为优化目标, 此时, 目标函数 (5.4) 为

$$\begin{aligned}J_2(d) &\triangleq \mathrm{VaR}_{\alpha_I}(X \wedge d - P_I(d)) + \mathrm{VaR}_{\alpha_R}((X-d)_+ - P_R(d)) \\ &= \mathrm{VaR}_{\alpha_I}((X \wedge d)) - P_0 + \frac{(1+\theta_R)e^{-\beta d}}{\beta} + \mathrm{VaR}_{\alpha_R}((X-d)_+) \\ &\quad - \frac{(1+\theta_R)e^{-\beta d}}{\beta} \\ &= \mathrm{VaR}_{\alpha_I}((X \wedge d)) + \mathrm{VaR}_{\alpha_R}((X-d)_+) - P_0.\end{aligned}$$

令 $Y_1 \triangleq (X \wedge d)$, $Y_2 \triangleq (X-d)_+$. 由于 $X \sim \mathrm{Exp}(\beta)$, 有

$$\mathbb{P}(Y_1 = d) = e^{-\beta d}, \quad G_1(y) = \mathbb{P}(Y_1 \leqslant y) = 1 - e^{-\beta y}, \quad 0 \leqslant y < d,$$

$$\mathbb{P}(Y_2 = 0) = 1 - e^{-\beta d}, \quad G_2(y) = \mathbb{P}(Y_2 \leqslant y) = 1 - e^{-\beta(y+d)}, \quad y > 0.$$

于是

$$\begin{aligned}\mathrm{VaR}_{\alpha_I}(Y_1) &= \inf\{L : \mathbb{P}(Y_1 > L) \leqslant \alpha_I\} \\ &= \begin{cases} d, & d \leqslant -\ln \alpha_I/\beta, \\ -\ln \alpha_I/\beta, & d > -\ln \alpha_I/\beta.\end{cases}\end{aligned}$$

$$\mathrm{VaR}_{\alpha_R}(Y_2) = \inf\{L : \mathbb{P}(Y_2 > L) \leqslant \alpha_R\}$$
$$= \begin{cases} -d - \ln\alpha_R/\beta, & d < -\ln\alpha_R/\beta, \\ 0, & d \geqslant -\ln\alpha_R/\beta. \end{cases}$$

因此,

$$J_2(d) = \min\{d, -\ln\alpha_I/\beta\} + \max\{-d - \ln\alpha_R/\beta, 0\} - P_0. \tag{5.6}$$

下面的定理推导最优互惠止停再保险策略以及对应的总风险价值.

定理 5.3.2 使得保险公司和再保险公司的总风险价值达到最小的止停再保险策略以及对应的总风险价值如下:

- 对于 $\alpha_I > \alpha_R$, 当 $\dfrac{\beta}{v}\ln\dfrac{\beta}{\beta-v} - 1 \leqslant \theta_R < \dfrac{v}{\beta-v}$ 时,

(i) 若 $\alpha_I \leqslant D_R$, $\forall d^* \in [-\ln D_I/\beta, -\ln D_R/\beta]$ 均为互惠止停再保险的最优风险自留额;

(ii) 若 $\alpha_R < D_R < \alpha_I$, 保险公司的最优止停风险自留额为 $d^* = -\ln D_R/\beta$;

(iii) 若 $\alpha_R \geqslant D_R$, $\forall \max\{-\ln D_I/\beta, -\ln\alpha_R/\beta\} \leqslant d^* \leqslant -\ln D_R/\beta$ 均为最优止停风险自留额.

相应的最小总风险价值为

$$\min J_2(d) = \begin{cases} -\ln\alpha_R/\beta - P_0, & \alpha_I \leqslant D_R, \\ -\ln\alpha_I/\beta - \ln\alpha_R/\beta + \ln D_R/\beta - P_0, & \alpha_R < D_R < \alpha_I, \\ -\ln\alpha_I/\beta - P_0, & \alpha_R \geqslant D_R. \end{cases}$$

当 $\theta_R \notin \left[\dfrac{\beta}{v}\ln\dfrac{\beta}{\beta-v} - 1, \dfrac{v}{\beta-v}\right)$ 时, 最小总风险价值为 $\min J_2(d) = -\ln\alpha_I/\beta - P_0$. 特别地, 当 $0 < \theta_R < \dfrac{\beta}{v}\ln\dfrac{\beta}{\beta-v} - 1$ 时, 最优互惠止停再保

5.3 不同目标下的最优止停再保险策略

险策略不存在; 当 $\theta_R \geqslant \dfrac{v}{\beta-v}$ 时, 任意高于 $\max\{-\ln D_I/\beta, -\ln\alpha_R/\beta\}$ 的 d 均为最优止停风险自留额.

- 对于 $\alpha_I = \alpha_R$, 保险公司和再保险公司的总风险价值是一个常数, 且有 $J_2(d) \equiv -\ln\alpha_I/\beta - P_0$. 当 $0 < \theta_R < \dfrac{\beta}{v}\ln\dfrac{\beta}{\beta-v} - 1$ 时, 最优止停风险自留额 d^* 不存在; 当 $\dfrac{\beta}{v}\ln\dfrac{\beta}{\beta-v} - 1 \leqslant \theta_R < \dfrac{v}{\beta-v}$ 时, 任意的 $d^* \in [-\ln D_I/\beta, -\ln D_R/\beta]$ 均为保险公司的最优止停风险自留额; 当 $\theta_R \geqslant \dfrac{v}{\beta-v}$ 时, 任意的自留额 $d^* \in [-\ln D_I/\beta, +\infty)$ 均为最优.

- 对于 $\alpha_I < \alpha_R$, 当 $0 < \theta_R < \dfrac{\beta}{v}\ln\dfrac{\beta}{\beta-v} - 1$ 时, 最优互惠止停再保险策略不存在. 当 $\dfrac{\beta}{v}\ln\dfrac{\beta}{\beta-v} - 1 \leqslant \theta_R < \dfrac{v}{\beta-v}$ 时,

(i) 若 $\alpha_R \leqslant D_I$, $\forall -\ln D_I/\beta \leqslant d^* \leqslant \min\{-\ln D_R/\beta, -\ln\alpha_R/\beta\}$ 为最优止停风险自留额;

(ii) 若 $\alpha_I < D_I < \alpha_R$, 保险公司的最优止停风险自留额为 $d^* = -\ln D_I/\beta$;

(iii) 若 $\alpha_I \geqslant D_I$, $\forall d^* \in [-\ln D_I/\beta, -\ln D_R/\beta]$ 为最优止停风险自留额.

对应的最小总风险价值为

$$\min J_2(d) = \begin{cases} -\ln\alpha_R/\beta - P_0, & \alpha_R \leqslant D_I, \\ -\ln D_I/\beta - P_0, & \alpha_I < D_I < \alpha_R, \\ -\ln\alpha_I/\beta - P_0, & \alpha_I \geqslant D_I. \end{cases} \tag{5.7}$$

当 $\theta_R \geqslant \dfrac{v}{\beta-v}$ 时, 保险公司和再保险公司的最小总风险价值仍为 (5.7). 此时,

(i) 若 $\alpha_R \leqslant D_I$, $\forall d^* \in [-\ln D_I/\beta, -\ln \alpha_R/\beta]$ 为最优止停风险自留额;

(ii) 若 $\alpha_I < D_I < \alpha_R$, 最优止停风险自留额为 $d^* = -\ln D_I/\beta$;

(iii) 若 $\alpha_I \geqslant D_I$, $\forall d^* \geqslant -\ln D_I/\beta$ 为最优止停风险自留额.

证明 对于 $\alpha_I > \alpha_R$, 有 $-\ln \alpha_I/\beta < -\ln \alpha_R/\beta$. 由 (5.6) 可得

$$J_2(d) = \begin{cases} -\ln \alpha_R/\beta - P_0, & d < -\ln \alpha_I/\beta, \\ -\ln \alpha_I/\beta - \ln \alpha_R/\beta - d - P_0, & -\ln \alpha_I/\beta \leqslant d \leqslant -\ln \alpha_R/\beta, \\ -\ln \alpha_I/\beta - P_0, & d > -\ln \alpha_R/\beta. \end{cases}$$

当 $d \in [-\ln \alpha_I/\beta, -\ln \alpha_R/\beta]$ 时, $J_2(d)$ 关于 d 单调递减, 并且在 $d = -\ln \alpha_I/\beta$ 和 $d = -\ln \alpha_R/\beta$ 两点处连续. 当 $0 < \theta_R < \frac{\beta}{v} \ln \frac{\beta}{\beta - v} - 1$ 时, 最优互惠止停再保险策略不存在. 当 $\frac{\beta}{v} \ln \frac{\beta}{\beta - v} - 1 \leqslant \theta_R < \frac{v}{\beta - v}$ 时, 保险公司和再保险公司双方的期望效用约束条件要求 $d \in [-\ln D_I/\beta, -\ln D_R/\beta]$.

(i) 若 $\alpha_I \leqslant D_R$, 有 $-\ln D_R/\beta \leqslant -\ln \alpha_I/\beta$. 于是, $J_2(d) \equiv -\ln \alpha_R/\beta - P_0$, $\forall d \in [-\ln D_I/\beta, -\ln D_R/\beta]$. 因此, 任意的 $d^* \in [-\ln D_I/\beta, -\ln D_R/\beta]$ 均为最优互惠止停再保险下保险公司的自留风险额.

(ii) 若 $\alpha_R < D_R < \alpha_I$, 有 $-\ln \alpha_I/\beta < -\ln D_R/\beta < -\ln \alpha_R/\beta$. 于是, 当 $d \leqslant -\ln \alpha_I/\beta$ 时, $J_2(d)$ 是一个常数; 当 $-\ln \alpha_I/\beta < d \leqslant -\ln D_R/\beta$ 时, $J_2(d)$ 随 d 单调递减. 因此, $J_2(d)$ 的最小值点为 $d^* = -\ln D_R/\beta$, 最小总风险价值为 $\min J_2(d) = J_2(-\ln D_R/\beta) = -\ln \alpha_I/\beta - \ln \alpha_R/\beta + \ln D_R/\beta - P_0$.

(iii) 若 $\alpha_R \geqslant D_R$, 有 $-\ln D_R/\beta \geqslant -\ln \alpha_R/\beta$. 当 $d \leqslant -\ln \alpha_R/\beta$ 时, $J_2(d)$ 随 d 单调递减; 当 $-\ln \alpha_R/\beta < d \leqslant -\ln D_R/\beta$ 时, $J_2(d)$ 是一个常

数. 因此, 对于任意的 $\max\{-\ln D_I/\beta, -\ln \alpha_R/\beta\} \leqslant d^* \leqslant -\ln D_R/\beta$, d^* 为最优止停再保险的风险自留额, 并且, $\min J_2(d) = -\ln \alpha_I/\beta - P_0$.

当 $\theta_R \geqslant \dfrac{v}{\beta-v}$ 时, 有 $d \geqslant -\ln D_I/\beta$, 因此, $\min J_2(d) = -\ln \alpha_I/\beta - P_0$. 此时, 任意的满足 $d \geqslant \max\{-\ln D_I/\beta, -\ln \alpha_R/\beta\}$ 的风险自留额 d 均为最优止停再保险策略.

对于 $\alpha_I = \alpha_R$, 优化目标 (5.6) 可化简为 $J_2(d) \equiv -\ln \alpha_I/\beta - P_0$, $\forall d \geqslant 0$. 当 $0 < \theta_R < \dfrac{\beta}{v} \ln \dfrac{\beta}{\beta-v} - 1$ 时, 由于再保险保费过低, 保险公司将不进行任何止停再保险业务. 因此, 最优互惠止停再保险策略不存在. 当 $\dfrac{\beta}{v} \ln \dfrac{\beta}{\beta-v} - 1 \leqslant \theta_R < \dfrac{v}{\beta-v}$ 时, 有 $-\ln D_I/\beta \leqslant d \leqslant -\ln D_R/\beta$, 因此, 最优止停损失自留额 d^* 可以是 $[-\ln D_I/\beta, -\ln D_R/\beta]$ 中的任意值. 当 $\theta_R \geqslant \dfrac{v}{\beta-v}$ 时, 效用约束条件决定了 $d \geqslant -\ln D_I/\beta$. 因此, 任意的 $d^* \in [-\ln D_I/\beta, +\infty)$ 均为最优止停风险自留额.

对于 $\alpha_I < \alpha_R$, 有 $-\ln \alpha_I/\beta > -\ln \alpha_R/\beta$. 由 (5.6) 可知

$$J_2(d) = \begin{cases} -\ln \alpha_R/\beta - P_0, & d < -\ln \alpha_R/\beta, \\ d - P_0, & -\ln \alpha_R/\beta \leqslant d \leqslant -\ln \alpha_I/\beta, \\ -\ln \alpha_I/\beta - P_0, & d > -\ln \alpha_I/\beta. \end{cases}$$

当 $d \in [-\ln \alpha_R/\beta, -\ln \alpha_I/\beta]$ 时, $J_2(d)$ 随 d 单调递增, 并且, $J_2(d)$ 在 $d = -\ln \alpha_R/\beta$ 和 $d = -\ln \alpha_I/\beta$ 两点连续. 当 $0 < \theta_R < \dfrac{\beta}{v} \ln \dfrac{\beta}{\beta-v} - 1$ 时, 最优互惠止停再保险策略不存在. 当 $\dfrac{\beta}{v} \ln \dfrac{\beta}{\beta-v} - 1 \leqslant \theta_R < \dfrac{v}{\beta-v}$ 时, 有 $d \in [-\ln D_I/\beta, -\ln D_R/\beta]$,

(i) 若 $\alpha_R \leqslant D_I$, 有 $-\ln D_I/\beta \leqslant -\ln \alpha_R/\beta$. 于是, 当 $-\ln D_I/\beta \leqslant$

$d \leqslant -\ln \alpha_R/\beta$ 时, $J_2(d)$ 是一个常数; 当 $d > -\ln \alpha_R/\beta$ 时, $J_2(d)$ 随 d 单调递增. 因此, 任意满足 $-\ln D_I/\beta \leqslant d^* \leqslant \min\{-\ln D_R/\beta, -\ln \alpha_R/\beta\}$ 的 d^* 均为最优互惠止停再保险下保险公司的风险自留额, 并且最小总风险价值为 $\min J_2(d) = -\ln \alpha_R/\beta - P_0$.

(ii) 若 $\alpha_I < D_I < \alpha_R$, 有 $-\ln \alpha_R/\beta < -\ln D_I/\beta < -\ln \alpha_I/\beta$. 于是, 当 $-\ln D_I/\beta \leqslant d \leqslant -\ln \alpha_I/\beta$ 时, $J_2(d)$ 单调递增; 当 $d > -\ln \alpha_I/\beta$ 时, $J_2(d)$ 为常数. 因此, $J_2(d)$ 的最小值点为 $d^* = -\ln D_I/\beta$, 此时的最小总风险价值为 $\min J_2(d) = J_2(-\ln D_I/\beta) = -\ln D_I/\beta - P_0$.

(iii) 若 $\alpha_I \geqslant D_I$, 有 $-\ln D_I/\beta \geqslant -\ln \alpha_I/\beta$. 于是, $J_2(d) \equiv -\ln \alpha_I/\beta - P_0$, $\forall d \in [-\ln D_I/\beta, -\ln D_R/\beta]$. 因此, 任意的 $\forall d^* \in [-\ln D_I/\beta, -\ln D_R/\beta]$ 均为最优止停再保险策略下保险公司的风险自留额.

当 $\theta_R \geqslant \dfrac{v}{\beta - v}$ 时, 有 $d \geqslant -\ln D_I/\beta$.

(i) 若 $\alpha_R \leqslant D_I$, 有 $-\ln D_I/\beta \leqslant -\ln \alpha_R/\beta$. 于是, 当 $-\ln D_I/\beta \leqslant d \leqslant -\ln \alpha_R/\beta$ 时, $J_2(d)$ 为常数; 当 $d > -\ln \alpha_R/\beta$ 时, $J_2(d)$ 随 d 单调递增. 因此, $J_2(d)$ 在 $-\ln D_I/\beta \leqslant d \leqslant -\ln \alpha_R/\beta$ 时取到最小值, 并且, 对应的最小总风险价值为 $\min J_2(d) = -\ln \alpha_R/\beta - P_0$.

(ii) 若 $\alpha_I < D_I < \alpha_R$, 有 $-\ln \alpha_R/\beta < -\ln D_I/\beta < -\ln \alpha_I/\beta$. 于是, 当 $-\ln D_I/\beta \leqslant d \leqslant -\ln \alpha_I/\beta$ 时, $J_2(d)$ 单调递增; 当 $d > -\ln \alpha_I/\beta$ 时, $J_2(d)$ 为常数. 因此, $J_2(d)$ 的最小值点为 $d^* = -\ln D_I/\beta$, 最小总风险价值为 $\min J_2(d) = J_2(-\ln D_I/\beta) = -\ln D_I/\beta - P_0$.

(iii) 若 $\alpha_I \geqslant D_I$, 有 $-\ln D_I/\beta \geqslant -\ln \alpha_I/\beta$. 于是, $J_2(d) \equiv -\ln \alpha_I/\beta - P_0$, 并且, 任意的 $d^* \geqslant -\ln D_I/\beta$ 均为保险公司的最优互惠止停风险自留额. ∎

5.3.3 尾部风险价值

为研究公司可能面临的潜在极端损失, 本小节考虑尾部风险价值 (Tail Value-at-Risk, TVaR) 这一风险度量. 令保险公司和再保险公司的置信度分别为 $1-\alpha_I$ 和 $1-\alpha_R$, 则目标函数 (5.4) 成为

$$J_3(d) \triangleq \text{TVaR}_{\alpha_I}(X \wedge d - P_I(d)) + \text{TVaR}_{\alpha_R}((X-d)_+ - P_R(d))$$
$$= \text{TVaR}_{\alpha_I}(X \wedge d) + \text{TVaR}_{\alpha_R}((X-d)_+) - P_0, \qquad (5.8)$$

其中,

$$\text{TVaR}_{\alpha_I}(X \wedge d) = \frac{1}{\alpha_I} \int_0^{\alpha_I} \text{VaR}_r(X \wedge d) dr$$
$$= \begin{cases} d, & d \leqslant -\dfrac{\ln \alpha_I}{\beta}, \\ \dfrac{1-\ln \alpha_I}{\beta} - \dfrac{e^{-\beta d}}{\alpha_I \beta}, & d > -\dfrac{\ln \alpha_I}{\beta}, \end{cases}$$

且

$$\text{TVaR}_{\alpha_R}((X-d)_+) = \frac{1}{\alpha_R} \int_0^{\alpha_R} \text{VaR}_r((X-d)_+) dr$$
$$= \begin{cases} \dfrac{1-\ln \alpha_R}{\beta} - d, & d \leqslant -\dfrac{\ln \alpha_R}{\beta}, \\ \dfrac{e^{-\beta d}}{\alpha_R \beta}, & d > -\dfrac{\ln \alpha_R}{\beta}. \end{cases}$$

最小化总尾部风险价值目标下的最优互惠止停再保险策略由以下定理给出.

定理 5.3.3 使得保险公司和再保险公司各自的尾部风险价值之和最小的互惠止停再保险策略和对应的最小总尾部风险价值如下:

- 对于 $\alpha_I > \alpha_R$, 当 $\dfrac{\beta}{v} \ln \dfrac{\beta}{\beta-v} - 1 \leqslant \theta_R < \dfrac{v}{\beta-v}$ 时, 若 $\alpha_R \leqslant D_I$,

任意的 $d^* \in [-\ln D_I/\beta, -\ln D_R/\beta]$ 均为保险公司的最优止停风险自留额; 若 $\alpha_R > D_I$, 最优止停风险自留额为 $d^* = -\ln D_I/\beta$. 对应的最小总尾部风险价值为

$$\min J_3(d) = \begin{cases} \dfrac{1-\ln \alpha_R}{\beta} - P_0, & \alpha_I \leqslant D_R, \\ \dfrac{2-\ln(\alpha_I \alpha_R)}{\beta} - \dfrac{D_R}{\alpha_I \beta} + \dfrac{\ln D_R}{\beta} - P_0, & \alpha_R < D_R < \alpha_I, \\ \dfrac{1-\ln \alpha_I}{\beta} - \dfrac{D_R}{\alpha_I \beta} + \dfrac{D_R}{\alpha_R \beta} - P_0, & \alpha_R \geqslant D_R. \end{cases}$$

当 $0 < \theta_R < \dfrac{\beta}{v}\ln\dfrac{\beta}{\beta-v} - 1$ 或者 $\theta_R \geqslant \dfrac{v}{\beta-v}$ 时, $\min J_3(d) = (1-\ln \alpha_I)/\beta - P_0$, 并且, 最优互惠止停再保险策略不存在.

• 对于 $\alpha_I = \alpha_R$, 总尾部风险价值为常数, 即 $J_3(d) \equiv (1-\ln \alpha_I)/\beta - P_0$. 当 $0 < \theta_R < \dfrac{\beta}{v}\ln\dfrac{\beta}{\beta-v} - 1$ 时, 最优互惠止停再保险策略不存在; 当 $\dfrac{\beta}{v}\ln\dfrac{\beta}{\beta-v} - 1 \leqslant \theta_R < \dfrac{v}{\beta-v}$ 时, 保险公司的最优止停风险自留额可以是 $[-\ln D_I/\beta, -\ln D_R/\beta]$ 中的任意值; 当 $\theta_R \geqslant \dfrac{v}{\beta-v}$ 时, $\forall d^* \geqslant -\ln D_I/\beta$ 均为最优止停风险自留额.

• 对于 $\alpha_I < \alpha_R$, 当 $0 < \theta_R < \dfrac{\beta}{v}\ln\dfrac{\beta}{\beta-v} - 1$ 时, 最优互惠止停再保险策略不存在; 当 $\theta_R \geqslant \dfrac{\beta}{v}\ln\dfrac{\beta}{\beta-v} - 1$ 时, 最小总尾部风险价值为

$$\min J_3(d) = \begin{cases} \dfrac{1-\ln \alpha_R}{\beta} - P_0, & \alpha_R \leqslant D_I, \\ \dfrac{D_I}{\alpha_R \beta} - \ln D_I/\beta - P_0, & \alpha_I < D_I < \alpha_R, \\ \dfrac{1-\ln \alpha_I}{\beta} - \dfrac{D_I}{\alpha_I \beta} + \dfrac{D_I}{\alpha_R \beta} - P_0, & \alpha_I \geqslant D_I. \end{cases}$$

对于最优互惠止停再保险策略, 若 $\alpha_R > D_I$, $d^* = -\ln D_I/\beta$. 若

$\alpha_R \leqslant D_I$, 当 $\dfrac{\beta}{v}\ln\dfrac{\beta}{\beta-v}-1 \leqslant \theta_R < \dfrac{v}{\beta-v}$ 时, 最优止停风险自留额 d^* 可为任意满足 $-\ln D_I/\beta \leqslant d^* \leqslant \min\{-\ln D_R/\beta, -\ln \alpha_R/\beta\}$ 的值; 当 $\theta_R \geqslant \dfrac{v}{\beta-v}$ 时, $\forall d^* \in [-\ln D_I/\beta, -\ln \alpha_R/\beta]$ 均为最优止停风险自留额.

证明 对于 $\alpha_I > \alpha_R$, 有 $-\ln \alpha_I/\beta < -\ln \alpha_R/\beta$. 由 (5.8) 可得

$$J_3(d) = \begin{cases} \dfrac{1-\ln \alpha_R}{\beta} - P_0, & d < -\ln \alpha_I/\beta, \\ \dfrac{2-\ln(\alpha_I\alpha_R)}{\beta} - \dfrac{e^{-\beta d}}{\alpha_I \beta} - d - P_0, & -\ln \alpha_I/\beta \leqslant d \leqslant -\ln \alpha_R/\beta, \\ \dfrac{1-\ln \alpha_I}{\beta} - \dfrac{e^{-\beta d}}{\alpha_I \beta} + \dfrac{e^{-\beta d}}{\alpha_R \beta} - P_0, & d > -\ln \alpha_R/\beta. \end{cases}$$

当 $-\ln \alpha_I/\beta \leqslant d \leqslant -\ln \alpha_R/\beta$ 时, $J_3'(d) = e^{-\beta d}/\alpha_I - 1 \leqslant 0$. 对于任意的 $d > -\ln \alpha_R/\beta$, $J_3'(d) = (1/\alpha_I - 1/\alpha_R)e^{-\beta d} < 0$. 因此, 当 $d < -\ln \alpha_I/\beta$ 时, $J_3(d)$ 为常数; 当 $d \geqslant -\ln \alpha_I/\beta$ 时, $J_3(d)$ 随 d 单调递减; 并且, $J_3(d)$ 在 $d = -\ln \alpha_I/\beta$ 和 $d = -\ln \alpha_R/\beta$ 两点连续. 当 $0 < \theta_R < \dfrac{\beta}{v}\ln\dfrac{\beta}{\beta-v}-1$ 时, 由于再保险保费过低, 再保险公司不进行止停再保险业务, 故最优互惠止停再保险策略不存在. 当 $\dfrac{\beta}{v}\ln\dfrac{\beta}{\beta-v}-1 \leqslant \theta_R < \dfrac{v}{\beta-v}$ 时, 由引理 5.2.1 知, 保险公司的止停风险自留额 $d \in [-\ln D_I/\beta, -\ln D_R/\beta]$. 若 $\alpha_I \leqslant D_R$, 有 $-\ln D_R/\beta \leqslant -\ln \alpha_I/\beta$, 于是, $J_3(d) \equiv (1-\ln \alpha_R)/\beta - P_0$, 并且, 任意的 $d^* \in [-\ln D_I/\beta, -\ln D_R/\beta]$ 均为最优止停风险自留额; 若 $\alpha_I > D_R$, 则有 $-\ln D_R/\beta > -\ln \alpha_I/\beta$, 并且, 总尾部风险价值在 $d^* = -\ln D_R/\beta$ 时取得最小值. 对应的最小总尾部风险价值为

$$\min J_3(d) = J_3\left(-\dfrac{\ln D_R}{\beta}\right)$$

$$= \begin{cases} \dfrac{1-\ln\alpha_R}{\beta} - P_0, & \alpha_I \leqslant D_R, \\ \dfrac{2-\ln(\alpha_I\alpha_R)}{\beta} - \dfrac{D_R}{\alpha_I\beta} + \dfrac{\ln D_R}{\beta} - P_0, & \alpha_R < D_R < \alpha_I, \\ \dfrac{1-\ln\alpha_I}{\beta} - \dfrac{D_R}{\alpha_I\beta} + \dfrac{D_R}{\alpha_R\beta} - P_0, & \alpha_R \geqslant D_R. \end{cases}$$

当 $\theta_R \geqslant \dfrac{v}{\beta-v}$ 时, 有 $d \geqslant -\ln D_I/\beta$, 且 $\min J_3(d) = \lim_{d\to\infty} J_3(d) = (1-\ln\alpha_I)/\beta - P_0$. 总尾部风险价值在无再保险合同时最小, 最优止停再保险策略不存在.

对于 $\alpha_I = \alpha_R$, 优化准则 (5.8) 为 $J_3(d) \equiv (1-\ln\alpha_I)/\beta - P_0, \forall d \geqslant 0$. 于是, 此情形下的最优止停再保险可由定理 5.3.2 中的方法推导得到.

对于 $\alpha_I < \alpha_R$, 有 $-\ln\alpha_I/\beta > -\ln\alpha_R/\beta$. 由 (5.8) 可以得到

$$J_3(d) = \begin{cases} \dfrac{1-\ln\alpha_R}{\beta} - P_0, & d < -\ln\alpha_R/\beta, \\ \dfrac{e^{-\beta d}}{\alpha_R\beta} + d - P_0, & -\ln\alpha_R/\beta \leqslant d \leqslant -\ln\alpha_I/\beta, \\ \dfrac{1-\ln\alpha_I}{\beta} - \dfrac{e^{-\beta d}}{\alpha_I\beta} + \dfrac{e^{-\beta d}}{\alpha_R\beta} - P_0, & d > -\ln\alpha_I/\beta. \end{cases}$$

当 $-\ln\alpha_R/\beta \leqslant d \leqslant -\ln\alpha_I/\beta$ 时, $J_3'(d) = 1 - e^{-\beta d}/\alpha_R \geqslant 0$. 并且, 对任意的 $d > -\ln\alpha_I/\beta$, $J_3'(d) = (1/\alpha_I - 1/\alpha_R)e^{-\beta d} > 0$. 因此, 当 $d < -\ln\alpha_R/\beta$ 时, $J_3(d)$ 为常数; 当 $d \geqslant -\ln\alpha_R/\beta$ 时, $J_3(d)$ 关于 d 单调递增. 并且, $J_3(d)$ 在 $d = -\ln\alpha_R/\beta$ 和 $d = -\ln\alpha_I/\beta$ 两点连续. 当 $0 < \theta_R < \dfrac{\beta}{v}\ln\dfrac{\beta}{\beta-v} - 1$ 时, 最优互惠止停再保险策略不存在; 当 $\dfrac{\beta}{v}\ln\dfrac{\beta}{\beta-v} - 1 \leqslant \theta_R < \dfrac{v}{\beta-v}$ 时, 效用约束条件决定了 $d \in [-\ln D_I/\beta, -\ln D_R/\beta]$. 若 $\alpha_R \leqslant D_I$, 有 $-\ln D_I/\beta \leqslant -\ln\alpha_R/\beta$, 故 $J_3(d)$ 在 $-\ln D_I/\beta \leqslant d \leqslant -\ln\alpha_R/\beta$ 时是一个常数, 而后关于 d 单

调递增. 因此, 任意满足 $-\ln D_I/\beta \leqslant d^* \leqslant \min\{-\ln D_R/\beta, -\ln \alpha_R/\beta\}$ 的风险自留额 d^* 均为最优互惠止停再保险策略. 若 $\alpha_R > D_I$, 则有 $-\ln D_I/\beta > -\ln \alpha_R/\beta$, 总尾部风险价值的最小值点为 $d^* = -\ln D_I/\beta$. 对应的最小总尾部风险价值为

$$\min J_3(d) = J_3\left(-\frac{\ln D_I}{\beta}\right)$$

$$= \begin{cases} \dfrac{1-\ln \alpha_R}{\beta} - P_0, & \alpha_R \leqslant D_I, \\ \dfrac{D_I}{\alpha_R \beta} - \ln D_I/\beta - P_0, & \alpha_I < D_I < \alpha_R, \\ \dfrac{1-\ln \alpha_I}{\beta} - \dfrac{D_I}{\alpha_I \beta} + \dfrac{D_I}{\alpha_R \beta} - P_0, & \alpha_I \geqslant D_I. \end{cases} \quad (5.9)$$

当 $\theta_R \geqslant \dfrac{v}{\beta-v}$ 时, 有 $d \geqslant -\ln D_I/\beta$. 若 $\alpha_R \leqslant D_I$, 有 $-\ln D_I/\beta \leqslant -\ln \alpha_R/\beta$, 保险公司的最优止停风险自留额 d^* 需满足 $-\ln D_I/\beta \leqslant d^* \leqslant -\ln \alpha_R/\beta$; 若 $\alpha_R > D_I$, 则有 $-\ln D_I/\beta > -\ln \alpha_R/\beta$, 并且, 总尾部风险价值的最小值点为 $d^* = -\ln D_I/\beta$. 对应的最小总尾部风险价值的表达式由 (5.9) 给出. ∎

5.3.4 一般 Dutch I 型风险度量

本小节基于 Cai 和 Mao (2013) 提出的一般 Dutch I 型风险度量设定优化模型的目标函数. 我们分别选择保险公司和再保险公司财富的期望为其风险的基准值, 并且将尾部风险价值选作高于基准值的损失的风险度量, 即 $\rho(X) = \mathbb{E}[X] + t\mathrm{TVaR}_\alpha((X-\mathbb{E}[X])_+)$, $0 < t \leqslant 1$. 为简化数学计算, 对于保险人和再保险人的尾部风险价值, 选择相同的置信度 $\bar{\alpha}$. 于是, 目标函数 (5.4) 为

$$J_4(d) \triangleq \rho(X \wedge d - P_I(d)) + \rho((X-d)_+ - P_R(d))$$
$$= \rho\left(X \wedge d - P_0 + \frac{(1+\theta_R)e^{-\beta d}}{\beta}\right)$$
$$+ \rho\left((X-d)_+ - \frac{(1+\theta_R)e^{-\beta d}}{\beta}\right)$$
$$= t\text{TVaR}_{\overline{\alpha}}\left(\left(X \wedge d - \frac{1-e^{-\beta d}}{\beta}\right)_+\right)$$
$$+ t\text{TVaR}_{\overline{\alpha}}\left(\left((X-d)_+ - \frac{e^{-\beta d}}{\beta}\right)_+\right)$$
$$+ 1/\beta - P_0.$$

令 $Y_1 \triangleq (X \wedge d - (1-e^{-\beta d})/\beta)_+$. 由于 $X \sim \text{Exp}(\beta)$, 有

$$\mathbb{P}(Y_1 = 0) = \mathbb{P}(X \leqslant (1-e^{-\beta d})/\beta) = 1 - e^{e^{-\beta d}-1},$$
$$\mathbb{P}(Y_1 = d - (1-e^{-\beta d})/\beta) = \mathbb{P}(X \geqslant d) = e^{-\beta d}.$$

对于 $0 < y < d - (1-e^{-\beta d})/\beta$, 随机变量 Y_1 的累积分布函数为

$$G_1(y) = \mathbb{P}(Y_1 \leqslant y) = \mathbb{P}(X \leqslant y + (1-e^{-\beta d})/\beta) = 1 - e^{-\beta y - 1 + e^{-\beta d}}.$$

于是, 得到

$$\text{VaR}_{\overline{\alpha}}(Y_1) = \begin{cases} d - \dfrac{1-e^{-\beta d}}{\beta}, & 0 < \overline{\alpha} < e^{-\beta d}, \\ \dfrac{-\ln \alpha_I - 1 + e^{-\beta d}}{\beta}, & e^{-\beta d} \leqslant \overline{\alpha} < e^{e^{-\beta d}-1}, \\ 0, & e^{e^{-\beta d}-1} \leqslant \overline{\alpha} < 1 \end{cases}$$

和

$$\text{TVaR}_{\overline{\alpha}}(Y_1) = \frac{1}{\overline{\alpha}} \int_0^{\overline{\alpha}} \text{VaR}_r(Y_1) dr$$

5.3 不同目标下的最优止停再保险策略

$$= \begin{cases} d - \dfrac{1-e^{-\beta d}}{\beta}, & 0 < \overline{\alpha} < e^{-\beta d}, \\ \dfrac{e^{-\beta d}}{\beta} - \dfrac{\ln \overline{\alpha}}{\beta} - \dfrac{e^{-\beta d}}{\overline{\alpha}\beta}, & e^{-\beta d} \leqslant \overline{\alpha} < e^{e^{-\beta d}-1}, \\ \dfrac{e^{e^{-\beta d}-1} - e^{-\beta d}}{\overline{\alpha}\beta}, & e^{e^{-\beta d}-1} \leqslant \overline{\alpha} < 1. \end{cases}$$

令 $Y_2 \triangleq ((X-d)_+ - e^{-\beta d}/\beta)_+$, 则

$$\mathbb{P}(Y_2 = 0) = \mathbb{P}(X \leqslant d + e^{-\beta d}/\beta) = 1 - e^{-\beta d - e^{-\beta d}},$$

对于 $y > 0$, 累积分布函数为

$$G_2(y) = \mathbb{P}(Y_2 \leqslant y) = \mathbb{P}(X \leqslant y + d + e^{-\beta d}/\beta) = 1 - e^{-\beta y - \beta d - e^{-\beta d}}.$$

故有

$$\mathrm{VaR}_{\overline{\alpha}}(Y_2) = \begin{cases} -\dfrac{\ln \overline{\alpha} + \beta d + e^{-\beta d}}{\beta}, & 0 < \overline{\alpha} < e^{-\beta d - e^{-\beta d}}, \\ 0, & e^{-\beta d - e^{-\beta d}} \leqslant \overline{\alpha} < 1 \end{cases}$$

和

$$\mathrm{TVaR}_{\overline{\alpha}}(Y_2) = \dfrac{1}{\overline{\alpha}} \int_0^{\overline{\alpha}} \mathrm{VaR}_r(Y_2) dr$$

$$= \begin{cases} -\dfrac{\ln \overline{\alpha} - 1 + \beta d + c^{-\beta d}}{\beta}, & 0 < \overline{\alpha} < e^{-\beta d - e^{-\beta d}}, \\ \dfrac{e^{-\beta d - e^{-\beta d}}}{\overline{\alpha}\beta}, & e^{-\beta d - e^{-\beta d}} \leqslant \overline{\alpha} < 1. \end{cases}$$

令 $d_1 \in (0, -\ln \overline{\alpha}/\beta)$ 为方程 $\beta d + e^{-\beta d} + \ln \overline{\alpha} = 0$ 在 $0 < \overline{\alpha} < 1/e$ 时的唯一实根 (见引理 5.3.1). 下面的定理给出了最小化保险公司和再保险公司的总 Dutch I 型风险度量目标下的最优互惠止停再保险策略和相应的最小总风险度量.

定理 5.3.4 对于 $0 < \overline{\alpha} < 1/e$, 最优互惠止停再保险下保险公司的风险自留额和最小总 Dutch I 型风险度量如下:

- 当 $0 < \theta_R < \dfrac{\beta}{v}\ln\dfrac{\beta}{\beta-v} - 1$ 时, 最优互惠止停再保险不存在.

- 当 $\dfrac{\beta}{v}\ln\dfrac{\beta}{\beta-v} - 1 \leqslant \theta_R < \dfrac{v}{\beta-v}$ 时, 若 $D_I + \ln(\overline{\alpha}/D_I) \leqslant 0$, 最小总风险度量为 $\min J_4(d) = -t\ln\overline{\alpha}/\beta + 1/\beta - P_0$, 任意满足 $-\ln D_I/\beta \leqslant d^* \leqslant \min\{d_1, -\ln D_R/\beta\}$ 的风险自留额 d^* 均为最优; 若 $D_I + \ln(\overline{\alpha}/D_I) > 0$, 在 (a) $D_R \geqslant D_0$, (b) $D_I \geqslant \overline{\alpha}$ 且 $D_I e^{-D_I}/\overline{\alpha} + D_I - \ln D_I - 1 \leqslant D_R - \ln\overline{\alpha} - D_R(1-e^{-D_R})/\overline{\alpha}$, 或者 (c) $D_I < \overline{\alpha}$ 且 $D_I - D_I(1-e^{-D_I})/\overline{\alpha} \leqslant D_R - D_R(1-e^{-D_R})/\overline{\alpha}$ 三种情形下, 最优互惠止停再保险策略为 $d^* = -\ln D_I/\beta$, 最小总风险度量为

$$\min J_4(d) = \begin{cases} \left[\dfrac{D_I e^{-D_I}}{\overline{\alpha}\beta} + \dfrac{D_I - \ln D_I - 1}{\beta}\right]t + \dfrac{1}{\beta} - P_0, & D_I \geqslant \overline{\alpha}, \\ \left[\dfrac{D_I - \ln\overline{\alpha}}{\beta} - \dfrac{D_I(1-e^{-D_I})}{\overline{\alpha}\beta}\right]t + \dfrac{1}{\beta} - P_0, & D_I < \overline{\alpha}; \end{cases}$$

在 (a) $D_I \geqslant \overline{\alpha}$ 和 $D_I e^{-D_I}/\overline{\alpha} + D_I - \ln D_I - 1 \geqslant D_R - \ln\overline{\alpha} - D_R(1-e^{-D_R})/\overline{\alpha}$, (b) $D_I < \overline{\alpha}$ 和 $D_I - D_I(1-e^{-D_I})/\overline{\alpha} \geqslant D_R - D_R(1-e^{-D_R})/\overline{\alpha}$, 或者 (c) $D_I \leqslant D_0$ 三种情形下, 最优止停风险自留额为 $d^* = -\ln D_R/\beta$, 对应的最小总风险度量 $\min J_4(d) = \left[(D_R - \ln\overline{\alpha})/\beta - D_R(1-e^{-D_R})/(\overline{\alpha}\beta)\right]t + 1/\beta - P_0$.

- 当 $\theta_R \geqslant \dfrac{v}{\beta-v}$ 时, 若 $D_I + \ln(\overline{\alpha}/D_I) \leqslant 0$, $\forall d^* \in [-\ln D_I/\beta, d_1]$ 均为保险公司的最优止停风险自留额, 并且, $\min J_4(d) = -t\ln\overline{\alpha}/\beta + 1/\beta - P_0$; 若 $D_I + \ln(\overline{\alpha}/D_I) > 0$, 保险公司和再保险公司的总一般 Dutch I 型风险度量在无再保险合约时取到最小值, 即 $\min J_4(d) = -t\ln\overline{\alpha}/\beta + 1/\beta - P_0$, 此时, 最优互惠止停再保险策略不存在.

为证明这个定理, 首先给出两个引理.

引理 5.3.1　令 $f(x) = x + e^{-x} + \ln\alpha$, $0 < \alpha < 1$, 于是

(i) 如果 $0 < \alpha < 1/e$, $f(x) = 0$ 存在唯一一个实根 $x_0 \in (0, \alpha)$;

(ii) 如果 $1/e \leqslant \alpha < 1$, 当 $x \geqslant 0$ 时, $f(x) \geqslant 0$ 恒成立.

证明　函数 $f(x)$ 关于 x 的导函数为 $f'(x) = 1 - e^{-x}$, 该导数对于任意的正实数 x 取值恒为正数, 故 $f(x)$ 关于变量 x 单调递增.

如果 $0 < \alpha < 1/e$, 有 $f(0) = 1 + \ln\alpha < 0$, $f(\alpha) = \alpha > 0$. 因此, $f(x)$ 存在一个唯一解 x_0, 并且 $0 < x_0 < \alpha$.

如果 $1/e \leqslant \alpha < 1$, 有 $f(0) = 1 + \ln\alpha \geqslant 0$. 因此, 当 $x > 0$ 时, $f(x)$ 恒为正数. ∎

引理 5.3.2　若 $0 < \overline{\alpha} < 1/e$, 当 $0 \leqslant D < D_0$ 时, 函数 $J(D) = De^{-D} + \overline{\alpha}D - D$ 关于 D 单调递增; 当 $D \geqslant D_0$ 时, $J(D)$ 关于 D 单调递减. 其中, $D_0 \in (0, \overline{\alpha})$ 为 $f(D) = (1-D)e^{-D} + \overline{\alpha} - 1 = 0$ 的唯一解.

证明　对函数 $J(D)$ 关于 D 求一阶导函数得到 $J'(D) = (1-D)e^{-D} + \overline{\alpha} - 1 = f(D)$. 由于 $f'(D) = (D-2)e^{-D} < 0$, $f(D)$ 关于 D 单调递减. 结合边界条件 $f(0) = \overline{\alpha} > 0$, $f(\overline{\alpha}) = (1-\overline{\alpha})(e^{-\overline{\alpha}} - 1) < 0$, 得到 $f(D) = 0$ 存在唯一解 $D_0 \in (0, \overline{\alpha})$ 的结论. 并且, 当 $0 < D < D_0$ 时, $f(D)$ 取值为正; 当 $D > D_0$ 时, $f(D)$ 的函数值为负. 因此, 当 $D \in (0, D_0)$ 时, $J(D)$ 严格单调递增; 当 $D \geqslant D_0$ 时, $J(D)$ 关于 D 单调递减. ∎

注解 5.3.1　令 $D \triangleq e^{-\beta d}$, 则当 $0 < \alpha < 1/e$ 且 $d \geqslant -\ln\overline{\alpha}/\beta$ (即 $0 \leqslant D \leqslant \overline{\alpha}$) 时, 有 $J_4(d) = [J(D) - \overline{\alpha}\ln\overline{\alpha}]t/(\overline{\alpha}\beta) + 1/\beta - P_0$. 由引理 5.3.2 可知, 当 $d \in [-\ln\overline{\alpha}/\beta, -\ln D_0/\beta]$ 时, $J_4(d)$ 关于 d 单调递增; 当 $d > -\ln D_0/\beta$ 时, $J_4(d)$ 关于 d 单调递减.

接下来证明定理 5.3.4.

证明 首先分析目标函数的性质.

(i) 当 $0 \leqslant d < d_1$ 时, 有 $0 < \overline{\alpha} < e^{-\beta d - e^{-\beta d}}$. 于是

$$\mathrm{TVaR}_{\overline{\alpha}}(Y_1) = d - \frac{1 - e^{-\beta d}}{\beta}, \quad \mathrm{TVaR}_{\overline{\alpha}}(Y_2) = -\frac{\ln \overline{\alpha} - 1 + \beta d + e^{-\beta d}}{\beta}.$$

因此, $J_4(d) \equiv -t \ln \overline{\alpha} / \beta + 1/\beta - P_0$ 关于保险公司的止停风险自留额 d 是一个常数.

(ii) 当 $d_1 \leqslant d < -\ln \overline{\alpha}/\beta$ 时, 有 $e^{-\beta d - e^{-\beta d}} \leqslant \overline{\alpha} < e^{-\beta d}$. 于是

$$\mathrm{TVaR}_{\overline{\alpha}}(Y_1) = d - \frac{1 - e^{-\beta d}}{\beta}, \quad \mathrm{TVaR}_{\overline{\alpha}}(Y_2) = \frac{e^{-\beta d - e^{-\beta d}}}{\overline{\alpha} \beta}.$$

由此得到目标函数为 $J_4(d) = \left[\dfrac{e^{-\beta d - e^{-\beta d}}}{\overline{\alpha} \beta} + d + \dfrac{e^{-\beta d}}{\beta} - \dfrac{1}{\beta} \right] t + \dfrac{1}{\beta} - P_0$. 关于 d 求一阶导函数并化简得到 $J_4'(d) = t(1 - e^{-\beta d})(1 - e^{-\beta d - e^{-\beta d}}/\overline{\alpha}) \geqslant 0$. 因此, 当 $d \in [d_1, -\ln \overline{\alpha}/\beta)$ 时, $J_4(d)$ 关于止停风险自留额 d 严格单调递增.

(iii) 当 $d \geqslant -\ln \overline{\alpha}/\beta$ 时, 有 $\overline{\alpha} \geqslant e^{-\beta d}$; 又由于 $e^{-1} < e^{e^{-\beta d} - 1}$, $\overline{\alpha} < e^{e^{-\beta d} - 1}$ 对于任意的非负止停风险自留额均成立. 于是

$$\mathrm{TVaR}_{\overline{\alpha}}(Y_1) = \frac{e^{-\beta d} - \ln \overline{\alpha}}{\beta} - \frac{e^{-\beta d}}{\overline{\alpha} \beta}, \quad \mathrm{TVaR}_{\overline{\alpha}}(Y_2) = \frac{e^{-\beta d - e^{-\beta d}}}{\overline{\alpha} \beta}.$$

故目标函数为 $J_4(d) = \left[\dfrac{e^{-\beta d} - \ln \overline{\alpha}}{\beta} + \dfrac{e^{-\beta d - e^{-\beta d}} - e^{-\beta d}}{\overline{\alpha} \beta} \right] t + 1/\beta - P_0$. 由引理 5.3.2 可知, 当 $d \in [-\ln \overline{\alpha}/\beta, -\ln D_0/\beta)$ 时, $J_4(d)$ 关于 d 单调递增; 当 $d \geqslant -\ln D_0/\beta$ 时, $J_4(d)$ 关于 d 单调递减; 其中, $D_0 \in (0, \overline{\alpha})$ 为 $f(D) = (1 - D)e^{-D} + \overline{\alpha} - 1$ 的唯一解.

因此, 对于 $0 < \overline{\alpha} < 1/e$, 目标函数为

5.3 不同目标下的最优止停再保险策略

$$J_4(d) = \begin{cases} -\dfrac{t\ln\overline{\alpha}}{\beta} + \dfrac{1}{\beta} - P_0, & 0 \leqslant d < d_1, \\[2mm] \left[\dfrac{e^{-\beta d} - e^{-\beta d}}{\overline{\alpha}\beta} + d + \dfrac{e^{-\beta d}}{\beta} - \dfrac{1}{\beta}\right]t + \dfrac{1}{\beta} - P_0, & d_1 \leqslant d < -\dfrac{\ln\overline{\alpha}}{\beta}, \\[2mm] \left[\dfrac{e^{-\beta d} - \ln\overline{\alpha}}{\beta} + \dfrac{e^{-\beta d} - e^{-\beta d}}{\overline{\alpha}\beta} - e^{-\beta d}\right]t + \dfrac{1}{\beta} - P_0, & d \geqslant -\dfrac{\ln\overline{\alpha}}{\beta}, \end{cases}$$

并且, 当 $0 \leqslant d < d_1$ 时, $J_4(d)$ 为常数; 当 $d_1 \leqslant d < -\ln D_0/\beta$ 时, $J_4(d)$ 关于 d 单调递增; 而当 $d \geqslant -\ln D_0/\beta$ 时, $J_4(d)$ 关于 d 单调递减. 当 $d \to \infty$ 时, $\lim_{d\to\infty} J_4(d) = -t\ln\overline{\alpha}/\beta + 1/\beta - P_0$, 这与 $0 \leqslant d < d_1$ 时目标函数的取值相等. 接下来分析最优互惠止停再保险策略以及对应的最小总一般 Dutch I 型风险度量.

当 $0 < \theta_R < \dfrac{\beta}{v}\ln\dfrac{\beta}{\beta - v} - 1$ 时, 受再保险保费过低的影响, 再保险公司不开展止停再保险业务, 故最优互惠止停再保险策略不存在.

当 $\dfrac{\beta}{v}\ln\dfrac{\beta}{\beta - v} - 1 \leqslant \theta_R < \dfrac{v}{\beta - v}$ 时, 由引理 5.2.1 可知, 保险公司的互惠止停风险自留额需要满足 $-\ln D_I/\beta \leqslant d \leqslant -\ln D_R/\beta$.

(i) 若 $D_I + \ln(\overline{\alpha}/D_I) \leqslant 0$, 有 $-\ln D_I/\beta \leqslant d_1$. 因此, 任意满足 $-\ln D_I/\beta \leqslant d^* \leqslant \min\{d_1, -\ln D_R/\beta\}$ 的 d^* 均为最优止停风险自留额, 并且, 最小总风险度量为 $\min J_4(d) = -t\ln\overline{\alpha}/\beta + 1/\beta - P_0$.

(ii) 若 $D_I + \ln(\overline{\alpha}/D_I) > 0$ 且 $D_R \geqslant D_0$, 有 $d_1 < -\ln D_I/\beta \leqslant -\ln D_R/\beta \leqslant -\ln D_0/\beta$. 于是, 当 $d \in [-\ln D_I/\beta, -\ln D_R/\beta]$ 时, $J_4(d)$ 单调递增. 故最优止停风险自留额为 $d^* = -\ln D_I/\beta$, 并且,

$$\min J_4(d) = J_4\left(-\dfrac{\ln D_I}{\beta}\right)$$

$$= \begin{cases} \left[\dfrac{D_I e^{-D_I}}{\overline{\alpha}\beta} + \dfrac{D_I - \ln D_I - 1}{\beta}\right]t + \dfrac{1}{\beta} - P_0, & D_I \geqslant \overline{\alpha}, \\ \left[\dfrac{D_I - \ln \overline{\alpha}}{\beta} - \dfrac{D_I(1 - e^{-D_I})}{\overline{\alpha}\beta}\right]t + \dfrac{1}{\beta} - P_0, & D_I < \overline{\alpha}. \end{cases}$$

(iii) 若 $D_I + \ln(\overline{\alpha}/D_I) > 0$ 且 $D_R \leqslant D_0 < D_I$, 有 $d_1 < -\ln D_I/\beta < -\ln D_0/\beta \leqslant -\ln D_R/\beta$. 于是, 当 $-\ln D_I/\beta \leqslant d \leqslant -\ln D_0/\beta$ 时, 目标函数 $J_4(d)$ 单调递增; 当 $-\ln D_0/\beta < d \leqslant -\ln D_R/\beta$ 时, $J_4(d)$ 单调递减. 并且, $J_4(-\ln D_R/\beta) = [(D_R - \ln\overline{\alpha})/\beta - D_R(1-e^{-D_R})/(\overline{\alpha}\beta)]t + 1/\beta - P_0$. 当 $D_I \geqslant \overline{\alpha}$ 且 $D_I e^{-D_I}/\overline{\alpha} + D_I - \ln D_I - 1 \leqslant D_R - \ln\overline{\alpha} - D_R(1-e^{-D_R})/\overline{\alpha}$ 时, $J_4(-\ln D_I/\beta) = \left[D_I e^{-D_I}/(\overline{\alpha}\beta) + (D_I - \ln D_I - 1)/\beta\right]t + 1/\beta - P_0 \leqslant J_4(-\ln D_R/\beta)$, 因此, 最优风险自留额为 $d^* = -\ln D_I/\beta$, 最小总风险度量为 $\min J_4(d) = J_4(-\ln D_I/\beta)$. 当 $D_I < \overline{\alpha}$ 且 $D_I - D_I(1-e^{-D_I})/\overline{\alpha} \leqslant D_R - D_R(1-e^{-D_R})/\overline{\alpha}$ 时, $J_4(-\ln D_I/\beta) = [(D_I - \ln\overline{\alpha})/\beta - D_I(1-e^{-D_I})/(\overline{\alpha}\beta)]t + 1/\beta - P_0 \leqslant J_4(-\ln D_R/\beta)$, 故 $d^* = -\ln D_I/\beta$. 通过相同的方法可知, 当 $D_I \geqslant \overline{\alpha}$ 且 $D_I e^{-D_I}/\overline{\alpha} + D_I - \ln D_I - 1 \geqslant D_R - \ln\overline{\alpha} - D_R(1-e^{-D_R})/\overline{\alpha}$ 时, 或者当 $D_I < \overline{\alpha}$ 且 $D_I - D_I(1-e^{-D_I})/\overline{\alpha} \geqslant D_R - D_R(1-e^{-D_R})/\overline{\alpha}$ 时, 有 $J_4(-\ln D_I/\beta) \geqslant J_4(-\ln D_R/\beta)$. 因此, $d^* = -\ln D_R/\beta$, 并且, 最小总风险度量为

$$\begin{aligned}\min J_4(d) &= J_4\left(-\dfrac{\ln D_R}{\beta}\right) \\ &= \left[\dfrac{D_R - \ln\overline{\alpha}}{\beta} - \dfrac{D_R(1-e^{-D_R})}{\overline{\alpha}\beta}\right]t + \dfrac{1}{\beta} - P_0.\end{aligned}$$

(iv) 若 $D_I \leqslant D_0$, 有 $-\ln D_I/\beta \geqslant -\ln D_0/\beta$. 于是, $J_4(d)$ 关于 d 单调递减. 因此, 保险公司的最优止停风险自留额为 $d^* = -\ln D_R/\beta$, 对应的最小总风险度量为

5.3　不同目标下的最优止停再保险策略

$$\min J_4(d) = J_4\left(-\frac{\ln D_R}{\beta}\right)$$
$$= \left[\frac{D_R - \ln \overline{\alpha}}{\beta} - \frac{D_R(1-e^{-D_R})}{\overline{\alpha}\beta}\right]t + \frac{1}{\beta} - P_0.$$

当 $\theta_R \geqslant \dfrac{v}{\beta - v}$ 时, 效用约束条件要求 $d \geqslant -\ln D_I/\beta$.

(i) 若 $D_I + \ln(\overline{\alpha}/D_I) \leqslant 0$, 即 $-\ln D_I/\beta \leqslant d_1$, 故当 $d \in [-\ln D_I/\beta, d_1]$ 时, 目标函数 $J_4(d)$ 是一个常数; 当风险自留额 $d \in (d_1, -\ln D_0/\beta)$ 时, $J_4(d)$ 关于 d 单调递增; 而当 $d \geqslant -\ln D_0/\beta$ 时, $J_4(d)$ 开始随着 d 的增大单调递减. 由于 $\lim_{d\to\infty} J_4(d)$ 等于目标函数在风险自留额较小时所取的常数值, 故当 $d > d_1$ 时, $J_4(d)$ 的值恒大于 $J_4(d_1)$. 因此, 任意的风险自留额 $d^* \in [-\ln D_I/\beta, d_1]$ 均为最优策略, 并且, 相应的最小总风险度量为 $\min J_4(d) = -t\ln\overline{\alpha}/\beta + 1/\beta - P_0$.

(ii) 若 $D_I + \ln(\overline{\alpha}/D_I) > 0$, 即 $-\ln D_I/\beta > d_1$, 最小总风险度量为 $\min J_4(d) = \lim_{d\to\infty} J_4(d) = -t\ln\overline{\alpha}/\beta + 1/\beta - P_0$, 最优互惠止停再保险策略不存在. ■

注解 5.3.2　由于置信度一般接近于 0, 因此只考虑 $0 < \overline{\alpha} < 1/e$ 的情形. 对于 $1/e \leqslant \overline{\alpha} < 1$ 的情形, 有 $\mathrm{TVaR}_{\overline{\alpha}}(Y_2) \equiv e^{-\beta d - e^{-\beta d}}/(\overline{\alpha}\beta)$, 于是

$$J_4(d) = \begin{cases} \left[\dfrac{e^{-\beta d - e^{-\beta d}}}{\overline{\alpha}\beta} + d + \dfrac{e^{-\beta d}}{\beta} - \dfrac{1}{\beta}\right]t + \dfrac{1}{\beta} - P_0, & 0 \leqslant d < -\dfrac{\ln\overline{\alpha}}{\beta}, \\[2ex] \left[\dfrac{e^{-\beta d} - \ln\overline{\alpha}}{\beta} + \dfrac{e^{-\beta d - e^{-\beta d}} - e^{-\beta d}}{\overline{\alpha}\beta}\right]t + \dfrac{1}{\beta} - P_0, \\[1ex] \qquad\qquad\qquad\qquad -\dfrac{\ln\overline{\alpha}}{\beta} \leqslant d < -\dfrac{\ln(1+\ln\overline{\alpha})}{\beta}, \\[2ex] [e^{e^{-\beta d}-1} + e^{-\beta d - e^{-\beta d}} - e^{-\beta d}]\dfrac{t}{\overline{\alpha}\beta} + \dfrac{1}{\beta} - P_0, \\[1ex] \qquad\qquad\qquad\qquad d \geqslant -\dfrac{\ln(1+\ln\overline{\alpha})}{\beta}. \end{cases}$$

$J_4(d)$ 首先随着 d 的增大单调递增, 在经过拐点后变为单调递减. 并且, $\lim_{d\to+\infty} J_4(d) = J_4(0)$. 因此, 当 $\theta_R < \theta_1$ 时, 最优互惠止停再保险策略不存在; 当 $\theta_1 \leqslant \theta_R < \theta_2$ 时, 保险公司的最优止停风险自留额为 $-\ln D_I/\beta$ 或者 $-\ln D_R/\beta$; 当 $\theta_R \geqslant \theta_2$ 时, 最优互惠止停再保险策略不存在, 并且, 保险公司和再保险公司的总一般 Dutch I 型风险度量在无再保险合同时取得最小值.

5.3.5 联合生存概率

Cai 等 (2013) 在最大化保险公司和再保险公司的联合生存概率的目标函数下研究了最优再保险合约. 借鉴他们的工作, 本小节从保险人和再保险人联合生存概率的角度研究互惠再保险策略. 在止停再保险合约下, 保险公司和再保险公司的联合生存概率为

$$\begin{aligned} J_S(d) &\triangleq \mathbb{P}\{X \wedge d \leqslant u_0^I + P_I(d), (X-d)_+ \leqslant u_0^R + P_R(d)\} \\ &= \mathbb{P}\{X \wedge d \leqslant u_0^I + P_I(d), (X-d)_+ \leqslant u_0^R + P_R(d), X \leqslant d\} \\ &\quad + \mathbb{P}\{X \wedge d \leqslant u_0^I + P_I(d), (X-d)_+ \leqslant u_0^R + P_R(d), X > d\} \\ &= \begin{cases} G(u_0^R + d + P_R(d)), & d \leqslant u_0^I + P_I(d), \\ G(u_0^I + P_I(d)), & d > u_0^I + P_I(d). \end{cases} \end{aligned}$$

引理 5.3.3 方程

$$d + (1+\theta_R)e^{-\beta d}/\beta = u_0^I + P_0 \tag{5.10}$$

在 $[0, +\infty)$ 内有解当且仅当 $\theta_R \leqslant e^{\beta(u_0^I + P_0) - 1} - 1$. 特别地, 当 $\beta(u_0^I + P_0) - 1 < \theta_R < e^{\beta(u_0^I + P_0) - 1} - 1$ 时, (5.10) 有两个正根; 否则, (5.10) 存在唯一解.

证明 方程 (5.10) 左边的一阶导函数 (即 $d + P_R(d)$) 关于 d 的导数为 $[d + P_R(d)]' = 1 - (1 + \theta_R)e^{-\beta d}$, 该函数取值为正当且仅当 $d > \dfrac{\ln(1 + \theta_R)}{\beta}$. 因此, 当 $0 < d < \dfrac{\ln(1 + \theta_R)}{\beta}$ 时, $d + P_R(d)$ 关于 d 单调递减; 当 $d \in \left[\dfrac{\ln(1 + \theta_R)}{\beta}, +\infty\right)$ 时, $d + P_R(d)$ 单调递增. 故函数 $d + P_R(d)$ 在 $d = \dfrac{\ln(1 + \theta_R)}{\beta}$ 时取得最小值 $\dfrac{1 + \ln(1 + \theta_R)}{\beta}$. 因此, 当 $\dfrac{1 + \ln(1 + \theta_R)}{\beta} > u_0^I + P_0$ 时, 即 $\theta_R > e^{\beta(u_0^I + P_0)-1} - 1$, 方程 (5.10) 在区间 $(0, +\infty)$ 内无解; 当 $\dfrac{1 + \ln(1 + \theta_R)}{\beta} < u_0^I + P_0 < [d + P_R(d)]|_{d=0} = \dfrac{1 + \theta_R}{\beta}$ 时, 即 $\beta(u_0^I + P_0) - 1 < \theta_R < e^{\beta(u_0^I + P_0)-1} - 1$, (5.10) 在 $(0, +\infty)$ 区间内有两个解; 当 $u_0^I + P_0 \geqslant [d + P_R(d)]|_{d=0}$ 或者 $u_0^I + P_0 = \dfrac{1 + \ln(1 + \theta_R)}{\beta}$ 时, 即 $\theta_R \leqslant \beta(u_0^I + P_0) - 1$ 或者 $\theta_R = e^{\beta(u_0^I + P_0)-1} - 1$, 方程 (5.10) 存在唯一一个正根. ∎

记 $\bar{d}$ 为方程 (5.10) 在 $\theta_R \leqslant \beta(u_0^I + P_0) - 1$ 或者 $\theta_R = e^{\beta(u_0^I + P_0)-1} - 1$ 时的唯一正根, 或者在 $\beta(u_0^I + P_0) - 1 \leqslant \theta_R < e^{\beta(u_0^I + P_0)-1} - 1$ 时较大的根.

定理 5.3.5 使得保险公司和再保险公司的联合生存概率 $J_S(d)$ 最大时的保险公司的互惠止停风险自留额 $d^* \in [0, +\infty)$ 存在, 当且仅当 $\dfrac{\beta}{v}\ln\dfrac{\beta}{\beta-v} - 1 \leqslant \theta_R < \dfrac{v}{\beta-v}$ 或者 $\dfrac{v}{\beta-v} \leqslant \theta_R \leqslant e^{\beta(u_0^I + P_0)-1} - 1$ 且 $-\ln D_I \leqslant \beta\bar{d}$.

证明 当 $0 < \theta_R < \dfrac{\beta}{v}\ln\dfrac{\beta}{\beta-v} - 1$ 时, 再保险公司的效用约束决定了其不进行再保险业务, 故最优互惠止停再保险策略不存在.

当 $\dfrac{\beta}{v}\ln\dfrac{\beta}{\beta-v} - 1 \leqslant \theta_R < \dfrac{v}{\beta-v}$ 时, 保险公司和再保险公司的效用约

束要求 $-\ln D_I/\beta \leqslant d \leqslant -\ln D_R/\beta$. 联合生存概率 $J_S(d)$ 的最大值在闭区间上必然存在, 并且可能的最大值点为 $\bar{d}$, $-\ln D_I/\beta$ 或者 $-\ln D_R/\beta$. 如果 $-\ln D_I/\beta \leqslant \bar{d} \leqslant -\ln D_R/\beta$, 最大联合生存概率为 $G(u_0^I + u_0^R + P_0)$; 否则, $\max J_S(d) = \max\{J_S(-\ln D_I/\beta), J_S(-\ln D_R/\beta)\}$.

当 $\theta_R \geqslant \dfrac{v}{\beta-v}$ 时, 有 $d \geqslant -\ln D_I/\beta$. 当 $\theta_R \geqslant e^{\beta(u_0^I+P_0)-1}-1$ 时, (5.10) 无解, 并且, 当 $d \in [-\ln D_I/\beta, +\infty)$ 时, $J_S(d)$ 单调递增. 因此, 最优互惠止停再保险策略不存在. 当 $\theta_R < e^{\beta(u_0^I+P_0)-1}-1$ 时, 若 $-\ln D_I > \beta\bar{d}$, $J_S(d)$ 关于 d 单调递增, 最优止停风险自留额不存在; 当 $-\ln D_I \leqslant \beta\bar{d}$ 时, 保险公司的最优止停风险自留额为 $\bar{d}$, 且保险公司和再保险公司的对应的最大联合生存概率为 $G(u_0^I + u_0^R + P_0)$. ∎

5.4 数值实例

本节以最小化总风险价值为目标函数, 通过两个数值实例研究保险公司和再保险公司在最优互惠止停再保险合同下的期望效用改善情况. 假设 $u_0^I = u_0^R = 0$, $P_0 = 0.4$, $\alpha = 1$, $v = 1$, $\beta = 3$. 假设保险公司通过期望保费准则计算保费, 并且其安全负荷系数为 0.2. 令 $\theta_1 = \dfrac{\beta}{v}\ln\dfrac{\beta}{\beta-v} - 1$, $\theta_2 = \dfrac{v}{\beta-v}$.

在一个风险自留额为 d 的止停再保险合约下, 保险公司的期望效用增量为

$$\Delta U_I(d) = \mathbb{E}U_I(u_0^I + P_I(d) - X \wedge d) - \mathbb{E}U_I(u_0^I + P_0 - X)$$
$$= \frac{\alpha}{v}e^{-v(u_0^I+P_0)}\left[\frac{\beta}{\beta-v} - e^{\frac{(1+\theta_R)ve^{-\beta d}}{\beta}}\left(\frac{\beta}{\beta-v} - \frac{v}{\beta-v}e^{-(\beta-v)d}\right)\right],$$

再保险公司的期望效用增量为

$$\Delta U_R(d) = \mathbb{E}U_R(u_0^R + P_R(d) - (X-d)_+) - \mathbb{E}U_R(u_0^R)$$
$$= \frac{\alpha}{v} e^{-vu_0^R} \left[1 - e^{-\frac{(1+\theta_R)ve^{-\beta d}}{\beta}} \left(1 + \frac{v}{\beta-v} e^{-\beta d} \right) \right],$$

再保险合约双方的总期望效用增量为

$$\Delta U_T(d) \triangleq \Delta U_I(d) + \Delta U_R(d).$$

例 5.4.1 本例考虑最小化保险公司和再保险公司的总风险价值目标函数下的最优互惠再保险策略, 并研究该最优策略下合约双方的期望效用增长情况. 假设对保险公司的监管严于再保险公司, 即保险公司的置信度相对于再保险公司更加严格, 即 $\alpha_I < \alpha_R$. 令 $\alpha_I = 0.05, \alpha_R = 0.15$.

若不考虑效用约束条件, 使得保险公司和再保险公司的总风险价值最小的止停风险自留额 d^* 可为满足 $0 \leqslant d^* \leqslant -\ln\alpha_R/\beta$ 的任意值. 我们分别用图形描绘保险公司和再保险公司各自的期望效用增量随着再保险公司的安全负荷系数的变化情况. 由于再保险公司收取的保费一般高于保险公司的保费, 我们令 $\theta_R > 0.2$. 在无约束的最优止停再保险策略下, 图 5.4.1(a) 的阴影区域表示保险公司可能的期望效用增量; 图 5.4.1(b) 的阴影区域表示再保险公司可能的期望效用增量. 当 $\theta_R < \theta_1$ 时, 保险公司的期望效用增量始终为正, 而再保险公司则可能面临期望效用的降低. 这是由于再保险保费过低时, 保费收入不足以抵消潜在索赔的尾部风险造成的效用减少.

方程 $f_R(D) = 0$ 的唯一解 D_R 可以看作关于 θ_R 的函数. 于是, $D_R = \alpha_R$ 存在唯一解 θ_r, 并且, $\theta_1 < \theta_r < \theta_2$. 当 $\theta_1 \leqslant \theta_R < \theta_r$ 时, 保险公司和再保险公司的期望效用在无约束的最优止停再保险合约下均有可能增大或者减少. 当 $\theta_R \geqslant \theta_r$ 时, 昂贵的再保险保费足以保证再保险公司的期望效用有所改善, 此时, 尽管购买止停再保险的花费较高, 考虑到

止停再保险可以保证保险公司总索赔损失的上限, 保险公司仍有希望得到期望效用的改善.

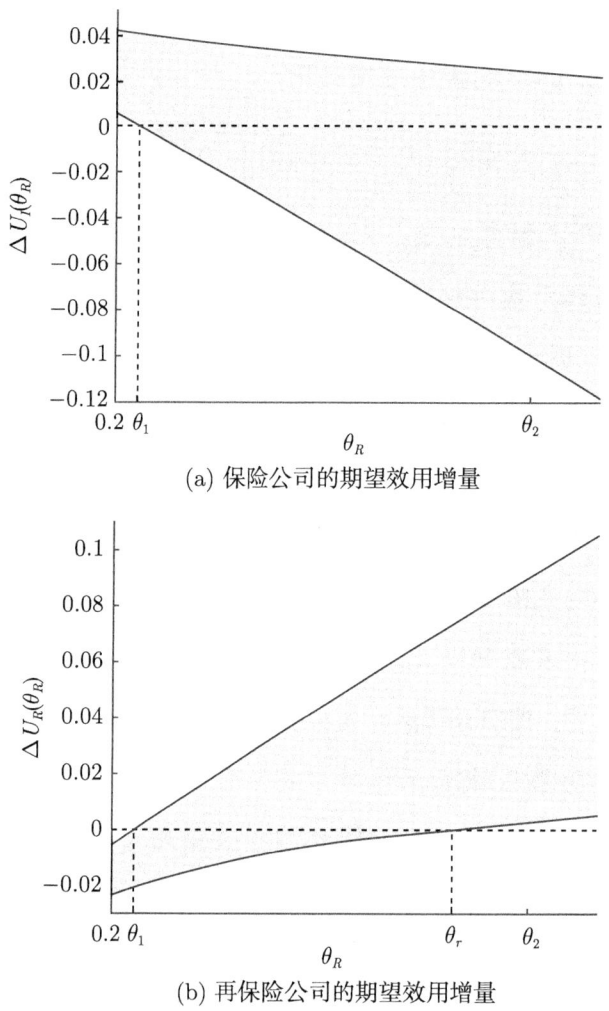

图 5.4.1 $\alpha_I < \alpha_R$ 时, 无约束模型的最优止停再保险策略下的期望效用增量

在保险公司和再保险公司的期望效用均不得降低的约束条件下, 最优互惠止停再保险策略的风险自留额由定理 5.3.2 给出. 图 5.4.2(a) 和图 5.4.2(b) 分别描绘了保险公司和再保险公司在最优互惠止停再保险策略下的期望效用变化情况. 由这两个子图可以看出, 该再保险合约双方的期

5.4 数值实例

望效用均不低于不签订再保险合同的情形. 比较图 5.4.1 和图 5.4.2, 我们发现保险公司期望效用增量的上限在考虑效用不减约束后有所降低, 而再保险公司期望效用增量的下限则在含效用约束的最优互惠止停再保险策略下有所改善.

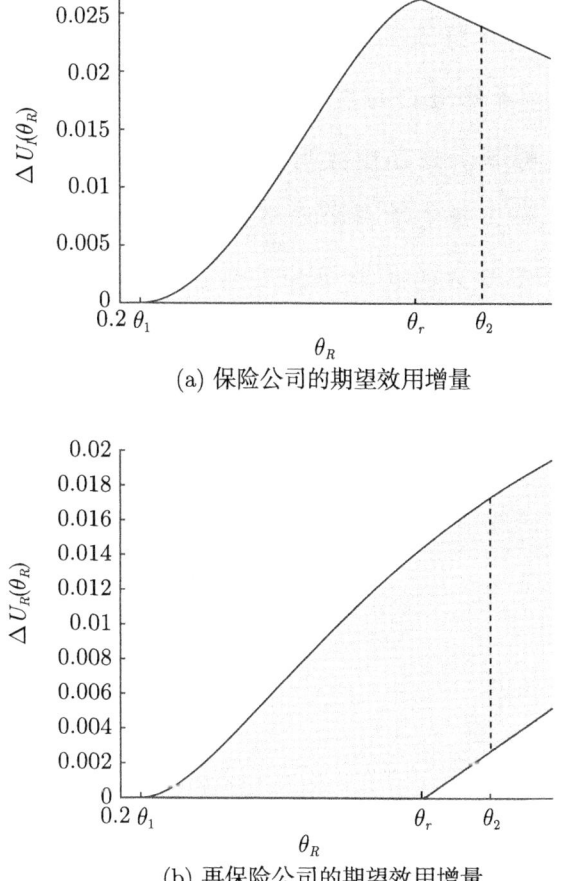

(a) 保险公司的期望效用增量

(b) 再保险公司的期望效用增量

图 5.4.2 $\alpha_I < \alpha_R$ 时, 效用提升约束模型的最优互惠止停再保险策略下的期望效用增量

当 $\theta_R < \theta_1$ 时, 由于再保险保费过低, 没有再保险公司愿意进入止停再保险市场, 故保险公司和再保险公司的期望效用增量均为零. 当

$\theta_1 \leqslant \theta_R < \theta_r$ 时,保险公司和再保险公司的期望效用增量的下界均为零,而上界均随 θ_R 的增大单调递增. 随着再保险保费的增长,再保险公司可以通过销售止停再保险业务得到更多收益,所以愿意接受保险公司更低的风险自留额. 因此,保险公司有机会得到更多的尾部损失保护,于是,保险公司的期望效用提高. 当 $\theta_R \geqslant \theta_r$ 时,再保险保费过高导致保险公司期望效用增量的上界将随再保险公司安全负荷系数的增大而得到递减;由于相同的原因,再保险公司在任意的风险自留额的最优互惠止停再保险策略下始终能够享受到期望效用的提升.

将保险公司和再保险公司的期望效用增量进行求和,我们得到最优止停再保险策略下双方的总期望效用增量. 我们来看最差的情况,即总期望效用增量的下界. 当不考虑效用约束条件时,最优止停再保险策略下总期望效用增量的下界由图 5.4.3 中的点划线描绘,而该图中的实线则是合约双方期望效用不减约束下的最优互惠再保险策略对应的总期望效用增量的下界. 图 5.4.3 表明总期望效用增量的下界在不考虑效用约

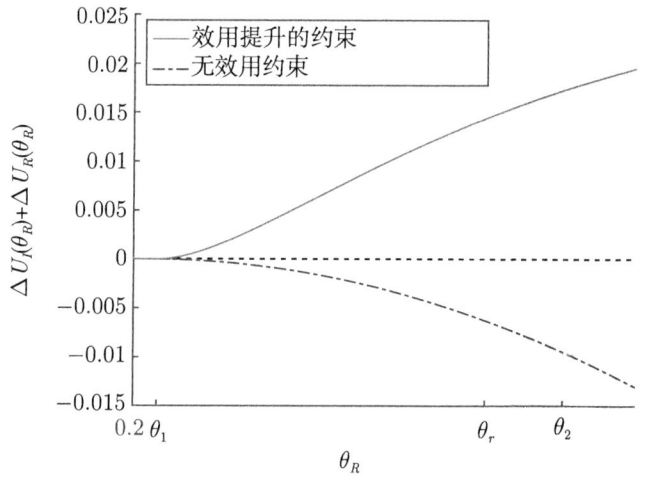

图 5.4.3　$\alpha_I < \alpha_R$ 时总期望效用增量的下界

5.4 数值实例

束为负值; 但在添加效用不减约束条件后, 总期望效用增量的下界始终为正, 也就是说, 最优互惠止停再保险合约可以保证双方的总期望效用得到改善.

例 5.4.2 在本例中, 我们在 $\alpha_I > \alpha_R$ 的条件下考虑使得总风险价值最小的最优止停再保险策略以及保险公司和再保险公司的期望效用改善状况. 假设 $\alpha_I = 0.12$, $\alpha_R = 0.03$.

若不考虑期望效用不减约束, 任意的 $d^* \geqslant -\ln \alpha_R/\beta$ 均为使得保险公司和再保险公司的总风险价值最小的止停风险自留额. 图 5.4.4(a) 和图 5.4.4(b) 分别描绘了保险公司和再保险公司在无约束的最优止停再保险合约下的期望效用变化. 保险公司期望效用增量的上界随着再保险公司安全负荷系数的增大而减小. 令 θ_3 和 θ_4 分别表示 $D_R = \alpha_I$ 和 $D_R = \alpha_R$ 的唯一解. 则有 $\theta_1 < \theta_3 < \theta_4 < \theta_2$. 图 5.4.4(b) 表明, 在签订最优止停再保险合约后, 再保险公司的期望效用在 $\theta_R < \theta_4$ 时会有所降低, 而当 $\theta_R \geqslant \theta_4$ 时, 再保险公司的期望效用有所改善.

定理 5.3.2 给出了保险公司和再保险公司期望效用均不减小约束下的最优互惠止停再保险策略. 图 5.4.5(a) 和图 5.4.5(b) 描绘了最优互惠止停再保险合约下保险公司和再保险公司各自的期望效用变化趋势. 图 5.4.5 表明, 在最优互惠止停再保险合约下, 合约双方的期望效用均优于不进入再保险市场的情形.

当再保险保费较低时, 即 $\theta_R < \theta_1$, 由于没有再保险公司销售止停再保险合约, 保险公司和再保险公司的期望效用增量均为零. 当 $\theta_1 \leqslant \theta_R < \theta_3$ 时, 任意的 $d^* \in [-\ln D_I/\beta, -\ln D_R/\beta]$ 均为最优互惠止停再保险策略的保险公司风险自留额. 保险公司和再保险公司的期望效用增量的上界均随着再保险公司安全负荷系数 θ_R 的增加而增大. 当 $\theta_3 \leqslant \theta_R < \theta_4$

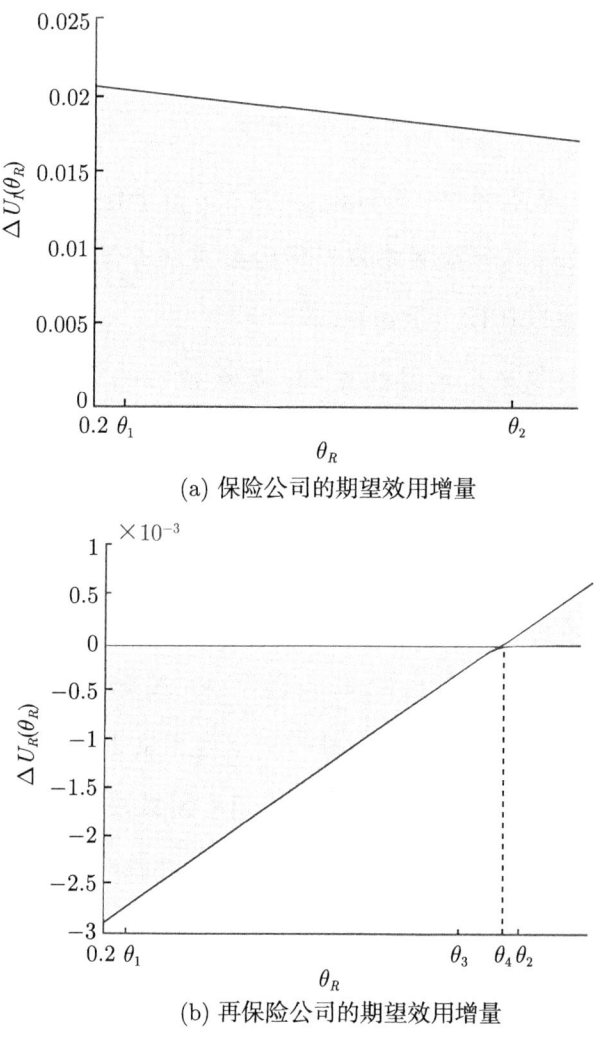

图 5.4.4 $\alpha_I > \alpha_R$ 时, 无约束模型的最优止停再保险策略下的期望效用增量

时, 最优互惠止停再保险策略为 $d^* = -\ln D_R/\beta$. 在此最优风险自留额下, 保险公司的期望效用有望提升, 而再保险公司的期望效用将与不进入再保险市场时持平. 当 $\theta_R \geqslant \theta_4$ 时, 最优互惠止停再保险下的保险公司风险自留额需满足 $d^* \geqslant \max\{-\ln D_I/\beta, -\ln \alpha_R/\beta\}$, 如果 $\theta_R < \theta_2$, 我们还需要 $d^* \leqslant -\ln D_R/\beta$. 随着再保险公司安全负荷系数的增大, 保险公

司期望效用增量的上界将缩小, 但再保险公司将有望获得更高的期望效用增量, 这一现象可在图 5.4.5(a) 和图 5.4.5(b) 两图中看出.

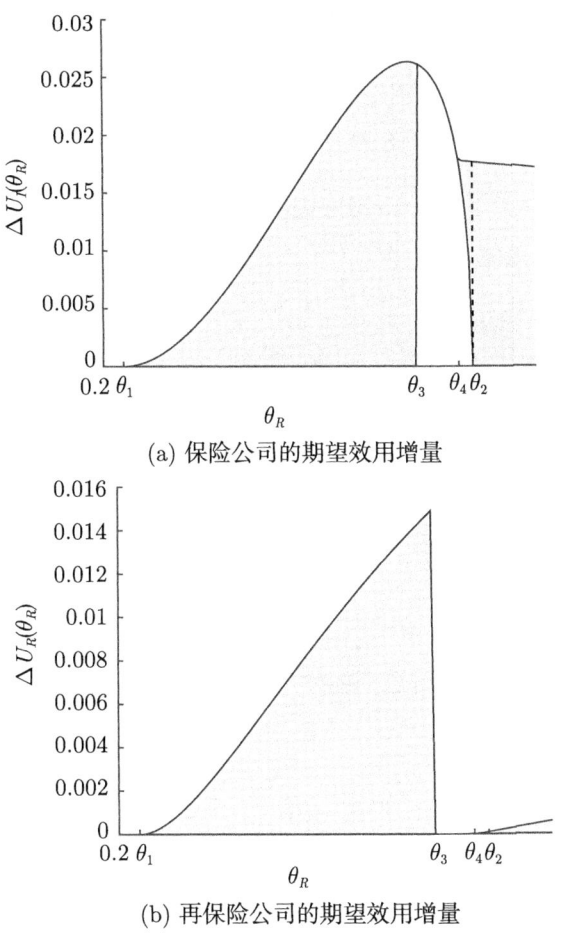

图 5.4.5 $\alpha_I > \alpha_R$ 时, 效用提升约束模型的最优互惠止停再保险策略下的期望效用增量

接下来, 我们来看保险公司和再保险公司在最优止停再保险合约下总期望效用增量的下界. 在图 5.4.6 中, 蓝线表示无约束模型的最优止停再保险策略下总期望效用增量的下界. 图中所描绘的再保险公司的安全负荷系数的取值范围为 $0.2 < \theta_R < 0.55$, 此时, 保险公司和再保险公司

的总期望效用与不进行再保险交易时相同; 但是, 当再保险保费相当高时 ($\theta_R > 14$), 两公司将面临总期望效用的减少. 图 5.4.6 中的红线描绘了在效用约束条件下的最优互惠止停再保险策略对应的期望效用增量的最低值. 该曲线表明, 当 $\theta_1 \leqslant \theta_R \leqslant \theta_2$ 时, 最优互惠止停再保险合约将能保证保险公司和再保险公司的总期望效用有所提升.

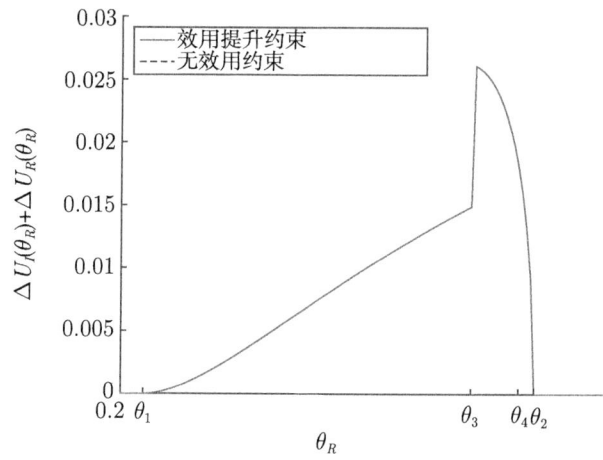

图 5.4.6 $\alpha_I > \alpha_R$ 时总期望效用增量的下界 (彩图见封底二维码)

5.5 小　　结

本章在最小化保险公司和再保险公司总方差、风险价值、尾部风险价值、Dutch I 型风险度量, 或者最大化联合生存概率五个不同的目标函数下, 分别研究使得合约双方期望效用均不减小的最优互惠止停再保险问题. 止停再保险合同的 "互惠性" 体现在两个方面: 一是优化模型的目标函数同时考虑了保险公司和再保险公司双方的权益; 二是体现在效用约束条件, 这一约束保证了合同双方在最优互惠止停再保险下的期望效用均不低于不进入再保险市场的情形.

参 考 文 献

史树中. 1990. 凸分析. 上海: 上海科学技术出版社.

Alexander G J, Baptista A M. 2004. A comparison of VaR and CVaR constraints on portfolio selection with the mean-variance model. Management Science, 50: 1261-1273.

Asimit A V, Badescu A M, Verdonck T. 2013. Optimal risk transfer under quantile-based risk measurers. Insurance: Mathematics and Economics, 53: 252-265.

Asmussen S, Albrecher H. 2010. Ruin Probabilities (Vol. 14). Ann Arbor: World Scientific.

Asmussen S, Højgaard B, Taksar M. 2000. Optimal risk control and dividend distribution policies: example of excess-of-loss reinsurance for an insurance corporation. Finance Stochastics, 4: 299-324.

Asmussen S, Taksar M. 1997. Controlled diffusion models for optimal dividend payout. Insurance: Mathematics and Economics, 20: 1-15.

Arrow K J. 1963. Uncertainty and the welfare economics of medical care. The American Economic Review, 53: 941-973.

Artzner P, Delbaen F, Eber J M, Heath D. 1999. Coherent measures of risk. Mathematical Finance, 9: 203-228.

Azcue P, Muler N. 2005. Optimal reinsurance and dividend distribution policies in the Cramér-Lundberg model. Mathematical Finance, 15: 261-308.

Bai L, Cai J, Zhou M. 2013. Optimal reinsurance policies for an insurer with a bivariate reserve risk process in a dynamic setting. Insurance: Mathematics and Economics, 53: 664-670.

Bai L, Guo J. 2008. Optimal proportional reinsurance and investment with multiple risky assets and no-shorting constraint. Insurance: Mathematics and Economics, 42: 968-975.

Bai L, Zhang H. 2008. Dynamic mean-variance problem with constrained risk control for the insurers. Mathematical Methods of Operations Research, 68: 181-205.

Balbás A, Balbás B, Balbás R, Heras A. 2015. Optimal reinsurance under risk and uncertainty. Insurance: Mathematics and Economics, 60: 61-74.

Bazaz A P, Najafabadi A T P. 2015. An optimal reinsurance contract from insurer's and reinsurer's viewpoints. Applications and Applied Mathematics, 10: 970-982.

Beard R E, Pentikainen T, Pesonen E. 1977. Risk Theory. 2nd ed. London: Chapman and Hall.

Bellman R. 1952. On the theory of dynamic programming. Proceedings of the National Academy of Sciences, 38: 716-719.

Bellman R. 1958. Dynamic programming and stochastic control processes. Information and Control, 1: 228-239.

Beveridge C J, Dickson D C, Wu X. 2007. Optimal dividends under reinsurance. Bulletin of the Swiss Association of Actuaries, 2: 149-166.

Borch K. 1960. Reciprocal reinsurance treaties. ASTIN Bulletin, 1: 170-191.

Borch K. 1969. The optimal reinsurance treaty. ASTIN Bulletin, 5: 293-297.

Bowers N L, Gerber H U, Hickman J C, Jones D A, Nesbitt C J. 1997. Actuarial Mathematics. 2nd ed. Chicago: The Society of Actuaries.

Browne S. 1995. Optimal investment policies for a firm with a random risk process: exponential utility and minimizing the probability of ruin. Mathematics of Operations Research, 20: 937-958.

Cadenillas A, Choulli T, Taksar M, Zhang L. 2006. Classical and impulse stochastic control for the optimization of the dividend and risk policies of an insurance firm. Mathematical Finance, 16(1): 181-202.

Cai J, Fang Y, Li Z, Willmot G E. 2013. Optimal reciprocal reinsurance treaties under the joint survival probability and the joint profitable probability. Journal of Risk and Insurance, 80: 145-168.

Cai J, Lemieux C, Liu F. 2016. Optimal reinsurance from the perspectives of both an insurer and a reinsurer. ASTIN Bulletin, 46: 815-849.

Cai J, Mao T. 2013. Risk measures derived from a regulator's perspective on the regulatory capital requirements for insurers. https://papers.ssrn.com/sol3/papers.cfm?abstract_id=3127285.

Cai J, Tan K S. 2007. Optimal retention for a stop-loss reinsurance under the VaR and CTE risk measures. ASTIN Bulletin, 37: 93-112.

Cai J, Tan K S, Weng C, Zhang Y. 2008. Optimal reinsurance under VaR and CTE risk measures. Insurance: Mathematics and Economics, 43: 185-196.

Cai J, Weng C. 2016. Optimal reinsurance with expectile. Scandinavian Actuarial Journal, 2016(7): 624-645.

Carter R L. 2013. Reinsurance. Dordrecht: Springer Science & Business Media.

Centeno L. 1986. Measuring the effects of reinsurance by the adjustment coefficient. Insurance: Mathematics and Economics, 5: 169-182.

Čerbáková J. 2005. Worst-case VaR and CVaR. Operations Research Proceedings, 2005: 817-822.

Chen L, Yang H. 2017. Optimal reinsurance and investment strategy with two piece utility function. Journal of Industrial and Management Optimization, 13(2): 737-755.

Chen S, Li Z, Li K. 2010. Optimal investment-reinsurance policy for an insurance company with VaR constraint. Insurance: Mathematics and Economics, 47: 144-153.

Cheung K C, Sung K C J, Yam S C P, Yung S P. 2014. Optimal reinsurance under general law-invariant risk measures. Scandinavian Actuarial Journal, 2014(1): 72-91.

Chi Y. 2012. Reinsurance arrangements minimizing the risk-adjusted value of an insurer's liability. ASTIN Bulletin, 42: 529-557.

Chi Y, Meng H. 2014. Optimal reinsurance arrangements in the presence of two reinsurers. Scandinavian Actuarial Journal, 2014(5): 424-438.

Chi Y, Tan K S. 2011. Optimal reinsurance under VaR and CVaR risk measures: a simplified approach. ASTIN Bulletin, 41: 487-509.

Chi Y, Weng C. 2013. Optimal reinsurance subject to Vajda condition. Insurance:

Mathematics and Economics, 53: 179-189.

Choulli T, Taksar M, Zhou X. 2001. Excess-of-loss reinsurance for a company with debt liability and constraints on risk reduction. Quantitative Finance, 1: 573-596.

Choulli T, Taksar M, Zhou X. 2003. A diffusion model for optimal dividend distribution for a company with constraints on risk control. SIAM Journal on Control and Optimization, 41: 1946-1979.

Crandell M G, Lions P. 1983. Viscosity solution of Hamilton-Jacobi equations. Transactions of the American Mathematical Society, 277: 1-42.

Cui W, Yang J, Wu L. 2013. Optimal reinsurance minimizing the distortion risk measure under general reinsurance premium principles. Insurance: Mathematics and Economics, 53: 74-85.

Cuoco D, He H, Isaenko S. 2008. Optimal dynamic trading strategies with risk limits. Operations Research, 56: 358-368.

Dhaene J, Vanduffel S, Goovaerts M J, Kaas R, Tang Q, Vyncke D. 2006. Risk measures and comonotonicity: a review. Stochastic Models, 22: 573-606.

Dickson D C. 2005. Insurance risk and ruin. Cambridge: Cambridge University Press.

Dickson D C, Waters H R. 1992. The probability and severity of ruin in finite and infinite time. ASTIN Bulletin, 22: 177-190.

Dickson D C, Waters H R. 1996. Reinsurance and ruin. Insurance: Mathematics and Economics, 19: 61-80.

Dickson D C, Waters H R. 2006. Optimal dynamic reinsurance. ASTIN Bulletin, 36: 415-432.

D'Ortona N, Marcarelli G. 2017. Optimal proportional reinsurance from the point of view of cedent and reinsurer. Scandinavian Actuarial Journal, 2017(4): 365-375.

Dufresne F, Gerber H U. 1988. The probability and severity of ruin for combinations of exponential claim amount distributions and their translations. Insurance: Mathematics and Economics, 7: 75-80.

Dufresne F, Gerber H U. 1989. Three methods to calculate the probability of ruin. ASTIN Bulletin, 19: 71-90.

European Parliament and the Council. 2009. Directive 2009/138/EC of the European Parliament and of the Council on the taking-up and pursuit of the business of Insurance and Reinsurance (Solvency II). http://eur-lex.europa.eu/LexUriServ/LexUriServ.do?uri=OJ:L:2009:335:0001:0155:en:PDF.

Fang Y, Qu Z. 2014. Optimal combination of quota-share and stop-loss reinsurance treaties under the joint survival probability. IMA Journal of Management Mathematics, 25: 89-103.

Fleming W H, Soner H M. 1993. Controlled Markov Processes and Viscosity Solutions. Berlin: Springer.

Fleming W H, Soner H M. 2006. Controlled Markov Processes and Viscosity Solutions. Stochastic Modelling and Applied Probability. New York: Springer.

Gajek L, Zagrodny D. 2004. Optimal reinsurance under general risk measures. Insurance: Mathematics and Economics, 34: 227-240.

Gerber H U. 1979. An Introduction to Mathematical Risk Theory. Philadelphia: University of Pensylvania.

Gerber H U, Goovaerts M J, Kaas R. 1987. On the probability and severity of ruin. ASTIN Bulletin, 17: 151-163.

Ghaoui L, Oks M, Oustry F. 2003. Worst-case value-at-risk and robust portfolio optimization: a conic programming approach. Operations Research, 51: 543-556.

Grandell J. 2012. Aspects of Risk Theory. New York: Springer Science & Business Media.

Hald M, Schmidli H. 2004. On the maximisation of the adjustment coefficient under proportional reinsurance. ASTIN Bulletin, 34: 75-83.

Hipp C, Plum M. 2000. Optimal investment for insurers. Insurance: Mathematics and Economics, 27: 215-228.

Højgaard B, Taksar M. 1998a. Optimal proportional reinsurance policies for diffusion models. Scandinavian Actuarial Journal, 1998(2): 166-180.

Højgaard B, Taksar M. 1998b. Optimal proportional reinsurance policies for diffusion models with transaction costs. Insurance: Mathematics and Economics, 22: 41-51.

Højgaard B, Taksar M. 1999. Controlling risk exposure and dividends payout schemes: insurance company example. Mathematical Finance, 2: 153-182.

Højgaard B, Taksar M. 2004. Optimal dynamic portfolio selection for a corporation with controllable risk and dividend distribution policy. Quantitative Finance, 4: 315-327.

Hu X, Yang H, Zhang L. 2015. Optimal retention for a stop-loss reinsurance with incomplete information. Insurance: Mathematics and Economics, 65: 15-21.

Irgens C, Paulsen J. 2004. Optimal control of risk exposure, reinsurance and investments for insurance portfolios. Insurance: Mathematics and Economics, 35: 21-51.

Jin Z, Yin G, Wu F. 2013. Optimal reinsurance strategies in regime-switching jump diffusion models: stochastic differential game formulation and numerical methods. Insurance: Mathematics and Economics, 53: 733-746.

Kaluszka M. 2005. Optimal reinsurance under convex principles of premium calculation. Insurance: Mathematics and Economics, 36: 375-398.

Karageyik B B, Dickson D C. 2016. Optimal reinsurance under multiple attribute decision making. Annals of Actuarial Science, 10: 65-86.

Kushner H J. 1962. Optimal stochastic control. IRE Transactions on Automatic Control, 7: 120-122.

Kusuoka S. 2001. On law invariant coherent risk measures//Advances in Mathematical Economics. Springer: 83-95.

Leland H E, Toft K B. 1996. Optimal capital structure, endogenous bankruptcy, and the term structure of credit spreads. The Journal of Finance, 51: 987-1019.

Li D, Rong X, Zhao H. 2016. The optimal investment problem for an insurer and a reinsurer under the constant elasticity of variance model. IMA Journal of

Management Mathematics, 27: 255-280.

Li S, Garrido J. 2005. Ruin probabilities for two classes of risk processes. ASTIN Bulletin, 35: 61-77.

Li X, Zhou X, Lim A E B. 2002. Dynamic mean-variance portfolio selection with no-shorting constraints. SIAM Journal on Control and Optimization, 40: 1540-1555.

Li P, Zhou M, Yin C. 2015. Optimal reinsurance with both proportional and fixed costs. Statistics and Probability Letters, 106: 134-141.

Liang Z, Guo J. 2007. Optimal proportional reinsurance and ruin probability. Stochastic Models, 23: 333-350.

Liang Z, Guo J. 2011. Optimal combining quota-share and excess of loss reinsurance to maximise the expected utility. Journal of Applied Mathematics and Computing, 36: 11-25.

Liang Z, Yuen K C, Cheung K C. 2012. Optimal reinsurance-investment problem in a constant elasticity of variance stock market for jump-diffusion risk model. Applied Stochastic Models in Business and Industry, 28: 585-597.

Lin X, Li Y. 2011. Optimal reinsurance and investment for a jump diffusion risk process under the CEV model. North American Actuarial Journal, 15(3): 417-431.

Lions P L. 1983a. Optimal control of diffusion processes and Hamilton-Jacobi-Bellman equations. I. The dynamic programming principle and application. Communications in Partial Differential Equations, 8: 1101-1174.

Lions P L. 1983b. Optimal control of diffusion processes and Hamilton-Jacobi-Bellman equations. II. Viscosity solutions and uniqueness. Communications in Partial Differential Equations, 8: 1229-1276.

Liu Y, Ma J. 2009. Optimal reinsurance/investment problems for general insurance models. The Annals of Applied Probability, 19: 1495-1528.

Liu C, Yang H. 2004. Optimal investment for an insurer to minimise its probability of ruin. North American Actuarial Journal, 8(2): 11-31.

Liu J, Yiu K F C, Siu T K, Ching W K. 2013. Optimal investment-reinsurance with dynamic risk constraint and regime switching. Scandinavian Actuarial Journal, 2013(4): 263-285.

Markowitz H. 1952. Portfolio selection. The Journal of Finance, 7: 77-91.

Meng H, Li S, Jin Z. 2015. A reinsurance game between two insurance companies with nonlinear risk processes. Insurance: Mathematics and Economics, 62: 91-97.

Meng H, Siu T K. 2011. On optimal reinsurance, dividend and reinvestment strategies. Economic Modelling, 28: 211-218.

Meng H, Siu T, Yang H. 2016a. Optimal insurance risk control with multiple reinsurers. Journal of Computational and Applied Mathematics, 306: 40-52.

Meng H, Zhang X. 2010. Optimal risk control for the excess of loss reinsurance policies. ASTIN Bulletin, 40: 179-197.

Meng H, Zhou M, Siu T. 2016b. Optimal dividend-reinsurance with two types of premium principles. Probability in the Engineering and Informational Sciences, 30: 224-243.

Merton R C. 1969. Lifetime portfolio selection under uncertainty: the continuous-time case. Review of Economics and Statistics, 51: 247-257.

Natarajan K, Pachamanova D, Sim M. 2009. Constructing risk measures from uncertainty sets. Operations Research, 57: 1129-1141.

Newey W K, Powell J L. 1987. Asymmetric least squares estimation and testing. Econometrica: Journal of the Econometric Society, 55(4): 819-847.

Nie C, Dickson D C, Li S. 2011. Minimizing the ruin probability through capital injections. Annals of Actuarial Science, 5: 195-209.

Panjer H H. 1986. Direct calculation of ruin probabilities. Journal of Risk and Insurance, 53(3): 521-529.

Pechlivanides P M. 1978. Optimal reinsurance and dividend payment strategies. ASTIN Bulletin, 10: 34-46.

Pflug G C. 2000. Some remarks on the value-at-risk and the conditional value-at-risk. Probabilistic Constrained Optimization, 49: 272-281.

Promislow S D, Young V R. 2005a. Unifying framework for optimal insurance. Insurance: Mathematics and Economics, 36: 347-364.

Promislow S D, Young V R. 2005b. Minimizing the probability of ruin when claims follow brownian motion with drift. North American Actuarial Journal, 9(3): 110-128.

Radner R, Shepp L. 1996. Risk vs. profit potential: a model for corporate strategy. Journal of Economic Dynamics and Control, 20: 1373-1393.

Romera R, Runggaldier W. 2012. Ruin probabilities in a finite-horizon risk model with investment and reinsurance. Journal of Applied Probability, 49: 954-966.

Rytgaard M M. 2014. Stop-Loss Reinsurance. Wiley StatsRef: Statistics Reference Online.

Schmidli H. 2001. Optimal proportional reinsurance policies in a dynamic setting. Scandinavian Actuarial Journal, 2001(1): 55-68.

Schmidli H. 2002a. On minimizing the ruin probability by investment and reinsurance. Annals of Applied Probability, 12: 890-907.

Schmidli H. 2002b. Asymptotics of ruin probabilities for risk processes under optimal reinsurance policies: the small claim case. Laboratory of Actuarial Mathematics, University of Copenhagen.

Schmidli H. 2004. Asymptotics of ruin probabilities for risk processes under optimal reinsurance and investment policies: the large claim case. Queueing Systems, 46: 149-157.

Soner H M. 1986a. Optimal control with state-space constraint I. SIAM Journal on Control and Optimization, 24: 552-561.

Soner H M. 1986b. Optimal control with state-space constraint II. SIAM Journal on Control and Optimization, 24: 1110-1122.

Taksar M I. 2000. Optimal risk and dividend distribution control models for an insurance company. Mathematical Methods of Operations Research, 51: 1-42.

Taksar M I, Zhou X Y. 1998. Optimal risk and dividend control for a company with a debt liability. Insurance: Mathematics and Economics, 22: 105-122.

Tan K S, Weng C, Zhang Y. 2011. Optimality of general reinsurance contracts under CTE risk measure. Insurance: Mathematics and Economics, 49: 175-187.

van Heerwaarden A E, Kaas R. 1992. The Dutch premium principle. Insurance: Mathematics and Economics, 11: 129-133.

Wang Z, Xia J, Zhang L. 2007. Optimal investment for an insurer: the martingale approach. Insurance: Mathematics and Economics, 40: 322-334.

Waters H R. 1983. Some mathematical aspects of reinsurance. Insurance: Mathematics and Economics, 2: 17-26.

Wei J, Yang H, Wang R. 2010. Optimal reinsurance and dividend strategies under the Markov-modulated insurance risk model. Stochastic Analysis and Applications, 28: 1078-1105.

Yang H, Zhang L. 2005. Optimal investment for insurer with jump-diffusion risk process. Insurance: Mathematics and Economics, 37: 615-634.

Yao D, Yang H, Wang R. 2016. Optimal dividend and reinsurance strategies with financing and liquidation value. ASTIN Bulletin, 46: 365-399.

Yi B, Li Z, Viens F G, Zeng Y. 2013. Robust optimal control for an insurer with reinsurance and investment under Heston's stochastic volatility model. Insurance: Mathematics and Economics, 53: 601-614.

Yiu K F C. 2004. Optimal portfolios under a value-at-risk constraint. Journal of Economic Dynamics and Control, 28: 1317-1334.

Yong J, Zhou X. 1999. Stochastic Controls: Hamiltonian Systems and HJB Equations. New York: Springer.

Yuen K C, Liang Z, Zhou M. 2015. Optimal proportional reinsurance with common shock dependence. Insurance: Mathematics and Economics, 64: 1-13.

Zhang L, Hu X, Duan B. 2015. Optimal reinsurance under adjustment coefficient measure in a discrete risk model based on Poisson MA(1) process. Scandinavian Actuarial Journal, 2015(5): 455-467.

Zhang X, Meng H, Zeng Y. 2016. Optimal investment and reinsurance strategies for insurers with generalized mean-variance premium principle and no-short selling. Insurance: Mathematics and Economics, 67: 125-132.

Zhang X, Siu T K. 2009. Optimal investment and reinsurance of an insurer with model uncertainty. Insurance: Mathematics and Economics, 45: 81-88.

Zhang X, Zhou M, Guo J. 2007. Optimal combinational quota-share and excess-of-loss reinsurance policies in a dynamic setting. Applied Stochastic Models in Business and Industry, 23: 63-71.

Zhou M, Yuen K C. 2012. Optimal reinsurance and dividend for a diffusion model with capital injection: Variance premium principle. Economic Modelling, 29: 198-207.

Zhou X, Li D. 2000. Continuous-time mean-variance portfolio selection: a stochastic LQ framework. Applied Mathematics and Optimization, 42: 19-33.

Zhu Y, Chi Y, Weng C. 2014. Multivariate reinsurance designs for minimizing an insurer's capital requirement. Insurance: Mathematics and Economics, 59: 144-155.

Zhu S, Fukushima M. 2009. Worst-case conditional value-at-risk with application to robust portfolio management. Operations Research, 57: 1155-1168.

索 引

A

安全负荷系数, 10, 42, 74, 107

B

保费率, 10, 42
比例再保险, 10, 43, 75

C

超额损失再保险, 55

D

动态风险价值, 45, 56, 57
动态条件风险价值, 45, 56, 57
动态最差情况条件风险价值, 45, 57
对偶问题, 12

F

方差, 74, 87, 107, 114
风险价值, 44, 74, 90, 107, 117
辅助问题, 13

J

均值—方差准则, 11

K

可行策略, 11
可行集, 11

可行控制, 42
扩散近似, 11, 42

L

拉格朗日乘子, 12, 23
联合生存概率, 74, 79, 107, 136

Q

期望效用增量, 101, 139
期望值保费原理, 10, 74, 107

S

生存概率, 43, 55, 64
索赔到达过程, 10, 42
索赔额, 10, 42

T

条件风险价值, 44

W

尾部风险价值, 74, 93, 107, 123

Y

一般 Dutch I 型风险度量, 74, 95, 107, 127
盈余过程, 11, 42, 43, 56
有效边界, 12, 22, 27, 38
有效策略, 12, 24

Z

黏性解, 14, 15

值函数, 13, 36, 43, 54, 58, 63

止停再保险, 108

指数效用函数, 75, 108

总索赔额, 74, 107

最差情况条件风险价值, 45

其他

Cramér-Lundberg 模型, 10, 41

HJB 方程, 13, 48, 58

Riccati 方程, 16